Occident, Asie, Sud global quel avenir ?

Le grand désordre

Henri Dou

CIWORLDWIDE

douhenri@yahoo.fr

A propos de l'auteur

Henri Dou

Après un baccalauréat technique, Henri Dou poursuit ses études à l'Université d'Aix Marseille dans le domaine de la Chimie Organique, au niveau licence puis à l'Institut de Pétrochimie et de Synthèse Organique Industrielle IPSOI. Après une thèse réalisée dans les Universités d'Aix Marseille et St François Xavier au Canada, il rejoint le CNRS et devient Directeur de Recherche en occupant à la fois le poste de Directeur de Recherche mais aussi de chargé de Mission au Département de Chimie puis à la Direction Générale (plan charbon, Commission Océanographique Internationale, Secrétaire général du Réseau d'information chimique de l'UNESCO ChIN, Directeur d'un Institut avancé de l'OTAN...). Il a été consultant auprès de SDC (System Development Corporation), ce qui lui a permis de rejoindre l'Université en tant que Professeur en Sciences de l'Information et de développer le premier cursus de Veille Technologique et d'Intelligence Compétitive en France, au Brésil, en Indonésie et en Malaisie. Il est actuellement Consultant, Expert auprès de l'Association Franco-Chinoise d'Intelligence Economique, de la Banque Mondiale et de diverses autres institutions internationales. Il a été professeur associé à l'OUM (Open University of Malaysia), à l'UNIMA (Universitas Negeri Manado Indonésie) reconnu par l'Université de Pékin et l'Académie des Sciences et Technologies de Pékin (BAST) comme professeur-chercheur. Il est l'auteur de divers ouvrages et articles scientifiques sur la veille technologique et l'intelligence économique, l'analyse de l'information scientifique et Technique (brevets), le développement territorial et il participe comme conférencier à diverses conférences et ateliers internationaux.

Sommaire

Occident, Asie, Sud global quel avenir ?

Le grand désordre

Henri Dou

CIWORLDWIDE

douhenri@yahoo.fr

Préambule

Depuis quelques années notre manière de penser ainsi que les trajectoires classiques qui sous-tendaient notre manière d'être dans un monde occidental sûr de ses valeurs universelles sont battus en brèche. Que ce soit au niveau, de la remise en cause de valeurs jusqu'alors fondamentales, de la finance et de son éthique, de l'accroissement des inégalités, du changement climatique, de l'apparition de pandémies, des évolutions technologiques (avec entre-autre les réseaux sociaux) et l'IA, de nouveaux acteurs économiques, de la géopolitique, de l'apparition de la guerre en Europe et au Moyen Orient, tout l'environnement classique des 60 dernières années est en train de basculer. Nous entrons dans l'ère du prédicament[1], celle des aléas multiples sur lesquels nous avons peu de prise et dont nous allons subir les effets. Face à cette situation il est normal de s'interroger sur l'environnement qui nous entoure et sur les

---

[1] Aléa que l'on voit arriver et que l'on ne peut pas éviter et qu'il faut subir.

scénarios possibles pouvant se développer dans les années proches.

Cette présentation[2] est celle d'une personne âgée qui a le privilège d'avoir suivi le déroulement de « l'histoire » tout au long de ces années, mais aussi d'enseigner l'Intelligence Economique et Stratégique[3] [4] dans de nombreux pays en Europe, au Brésil, en Chine en Indonésie, en Malaisie en Afrique. J'espère ainsi pouvoir partager avec vous une vision documentée de cette époque révolue ce qui permet de développer une vision prospective d'un monde nouveau où le meilleur pourrait côtoyer le pire. C'est tout le sens du titre de cette présentation intitulée Occident, Asie, Sud global quel avenir ?

Nous sommes aussi entrés dans l'ère de la post-vérité[5], c'est-à-dire dans une période où les opinions personnelles, l'émotion, l'idéologie, la croyance l'emportent sur les faits. Mais, pour un raisonnement sain et pour une approche rationnelle, il faut pouvoir s'extraire de cette gangue nouvelle qui nous empêche de voir plus loin, d'avoir une approche prospective et de développer des scénarios sans a priori pour permettre une prise de décision plus saine. C'est en ce sens que nous avons dans la mesure du possible replacé certains événements (Guerre

---

[2] Une partie de cette présentation a fait l'objet d'une communication à la Conférence EuroDefense Roamnia, « Rethinking the EU-MENA Cooperation – A resilient Approach » Dou Henri, West, Asia, Global South, What Future ? Bucarest, October 26th 2023, Romania
https://www.ciworldwide.org/post/west-asia-global-south-what-future

[3] Dou, H., Juillet, A., Clerc, P., L'intelligence économique du futur 1: Une nouvelle approche stratégique et opérationnelle. ISTE Group, 2018.

[4] Dou, H., Juillet, A., Clerc, P., L'intelligence économique du futur 2: Une nouvelle approche de la fonction information. ISTE Group, 2018.

[5] Concept selon lequel nous serions entrés dans une période (appelée ère de la *post-vérité* ou *ère post-factuelle*) où l'opinion personnelle, l'idéologie, l'émotion, la croyance l'emportent sur la réalité des faits.
https://www.larousse.fr/dictionnaires/francais/post-v%C3%A9rit%C3%A9/188379

d'Ukraine, Guerre Israélo-Hamas) dans leur contexte historique, que nous avons fait un rappel sur certaines actions de guerres (entre autre durant la seconde guerre mondiale) et que nous avons consacré un chapitre au biais d'interprétation.

Les termes de références qui sont indiqués dans le chapitre suivant concernent un certain nombre de documents auxquels le lecteur pourra se référer, car aujourd'hui l'immédiateté est souvent la règle. On oublie alors le contexte et donc la profondeur nécessaire au raisonnement et à l'interprétation des faits actuels et de leurs futures évolutions.

1 Termes de référence

1.1 Les marqueurs

De très nombreux auteurs ont écrit sur les effondrements, la décadence, le cycle de vie des civilisations, la désoccidentalisation, etc. Les citer tous seraient hors de propos. Mais, dans cet ensemble nous avons sélectionné certains d'entre eux pour les utiliser comme marqueurs, comme terme de référence où il sera possible de se référer tout au long de cette présentation. Certes, cette manière de procéder peut-être discutable, mais elle se veut équitable ouverte et holistique.

Marqueur numéro 1 – Hégémonie occidentale. On se référera plus particulièrement aux travaux de Ian Morris[6] dont certaines parties relues en 2023 sont particulièrement pertinentes. Après avoir analysé les aspects du développement de l'humanité sur plusieurs millénaires, Ian Morris analyse les causes de la domination occidentale depuis le milieu du XVIIIième siècle mais s'interroge sur l'avenir de celle-ci. *« Ces 5 cavaliers célèbres – changement climatique, famine, faillite étatique, migration et épidémie – semblent tous être de retour. Le premier d'entre eux, le réchauffement de la planète est peut-être l'exemple définitif du paradoxe du développement, puisque les carburants fossiles, ceux – là même qui ont permis le bond en avant du développement social depuis les années 18000, ont aussi rempli l'atmosphère de gaz carbonique, piégeant la chaleur. »*

Marqueur numéro 2 – Le cycle inéluctable des civilisations. Le travail de Sir John Glubb[7] as well as some comments of the

---

[6] Ian Morris Why the West rules le world – for now , publié en 2010, Amazon
https://www.amazon.fr/Why-West-Rules-Patterns-History/dp/1846682088
[7] Sir John Glubb, : The fates of Empires and the Search for Survival, 1978,

Academy of Ideas[8] will embrace all the steps follow by a civilisation from craddle to death. *"Les expériences de l'humanité ont été enregistrées, plus ou moins en détail, pendant environ quatre mille ans. Si nous essayons d'étudier une telle période de temps pour autant de pays que possible, nous semblons découvrir les mêmes motifs constamment répétés sous des conditions de climat, culture et religion très différentes"[9]*

Marqueur numéro 3 – Les cinq stades de l'effondrement par Dimitri Orlov[10]. Ce dernier a vécu l'effondrement de l'URSS ce qui lui a permis de réfléchir sur ce processus et ensuite d'utiliser ces éléments pour aborder un des futurs possibles des Etats-Unis. Il a entre-autre été un des seuls auteurs à prédire la crise financière de 2008 et l'analyse réalisée par Ghislain Nicaise [11] et celle publiée dans Effondrements et géopolitique du COVID 19[12] *« au-delà de l'ampleur planétaire , la pandémie du COVID – 19 a été un révélateur des lacunes de notre système politique économique et médical. Certes notre système social a permis dans un premier temps d'amortir partiellement le choc par le report d'une partie de ses effets. Mais elle a aussi permis de constater l'incapacité de l'Etat à anticiper dans la durée en utilisant les ressources de l'Intelligence Economique pour*

Amazon
https://www.amazon.fr/gp/product/0851581277/ref=dbs_a_def_rwt_hsch_v api_taft_p1_i8
[8] Academy of Ideas, http://people.uncw.edu/kozloffm/glubb.pdf
https://guydoyen.fr/2022/12/28/le-cycle-ineluctable-des-civilisations/
[9] Glubb, J., "The fate of empires and Search for survival, William Blackwood & Sons, Edinburgh,1976
[10] Dmitry ORLOV. The five Stages of Collapse. Survivor's toolkit. Gabriela Island, Canada. New Society Publishers. 2013, 281 p. ISBN 9778-0-86571-736-7
[11] Ghislain Nicaise https://institutmomentum.org/cinq-stades-de-leffondrement-dmitry-orlov
[12] Dou H., Fournie P., Juillet A., Edition Anima Corsa, Oct 2020 ISBN 978-2-919381-03-6

surveiller l'environnement, donner l'alerte et mettre en œuvre les solutions adaptées. » soulignent le manque de vision des dirigeants occidentaux qui depuis des années ont négligés la prospective pour ne s'intéresser qu'au cours voire même très court terme !

Marqueur numéro 4 – Le dérèglement climatique, la démographie, les ressources mondiales, l'énergie. Nous ferons référence aux travaux réalisés dans le cadre de World3 2000, où le modèle des années 1960 (Club de Rome) a été soumis au « back testing » avec succès en utilisant les données réelles de la période de 1972 à 2000 ainsi que l'intégration de ce modèle dans le concept d'Intelligence Economique[13]. Le rôle des changements climatiques dans la chute des empires devant aussi être considéré[14].

Marqueur numéro 5 – La montée en puissance de l'Asie et entre-autre de la Chine. De très nombreux écrits existent sur le sujet, parfois contradictoire sur la longévité de la croissance des pays de cette zone, mais tous d'accord sur le fait principal : l'Asie deviendra sans doute dans quelques années une entité économiquement supérieure aux Etats – Unis voire au monde occidental. Il faut à la fois considérer la Chine, mais aussi le tropisme qu'elle exerce sur les pays de la zone. L'analyse d'informations provenant de sources différentes (statistiques économiques et démographiques comprises) permet au lecteur d'avoir un point de vue personnel sur ce sujet.

Marqueur numéro 6 – La dépendance économique, politique et culturelle de l'Europe vis à vis des Etats -Unis après la seconde

---

[13] Dou H., Clerc P., Juillet A., L'Intelligence Economique et Stratégique dans la perspective de World3 2000. R2IE Revue Internationale d'Intelligence Economique, 11,2, 2019

[14] 2500 Years of European Climate Variability and Human Susceptibility Science 13 Janvier 2011

guerre mondiale. Pour cela nous nous référerons à un ouvrage de Philippe Villiers[15], peu connu, parfois controversé mais dont la valeur réside dans les extraits et facsimilés des documents et courriers cités dans le texte.

Marqueur numéro 7 - La fin de l'URSS – De très nombreux écrits souvent contradictoires existent et des analyses commencent à apparaître. Pour ce domaine important s'il en est car souvent à la base des problèmes actuels nous nous référerons à des personnalités politiques ayant vécu à des postes diplomatiques clés cette époque. Par exemple Huber Védrine, ancien conseiller diplomatique du Président Mitterrand puis Ministre de affaires étrangères de la France, Dominique de Villepin qui fut premier Ministre sous le Président Chirac, etc.

Marqueur numéro 8 – L'Afrique et la désoccidentalisation. Nous ferons référence dans ce cadre relativement récent à divers travaux et réflexions de personnalités politiques. Le poids historique de la colonisation sera au centre des réflexions. Par exemple Steinmetz Georges, dans *Empire et domination mondiale*[16]. Mais nous prendrons aussi en compte des analyses concernant les récentes prises de pouvoir militaire en Afrique de l'Ouest, ainsi que des analyses souvent peu connues du grand public mettant en évidence les effets délétères des frontières artificielles africaines[17].

Marqueur numéro 9 - L'extension des BRICS (Brésil, Russie, Inde, Chine, Afrique du Sud). Avec l'entrée de l'Arabie Saoudite, des Emirats Arabes Unis, de l'Iran, de l'Argentine, de l'Ethiopie et de

---

[15] Devilliers P., J'ai tiré sur le fil du mensonge et tout est venu, Fayard éditeur, Paris, 2019

[16] Steinmetz G., dans Empire et domination mondiale, Actes de la Recherche en Sciences sociales, 2008/1-2, pp.4-19

[17] Lugan B., L'Afrique réelle, https://bernardlugan.blogspot.com/p/lafrique-reelle.html

l'Egypte, dès janvier 2024, les BRICS plus représenteront une puissance alternative importante dont la cohésion reste cependant à démontrer. On utilise aussi le terme de « BRICS plus ». Des statistiques simples montrent à l'évidence l'impact économique de ce regroupement.

Marqueur numéro 10 – La résurgence des Empires, les conséquences géopolitiques les budgets militaires la prolifération atomique, la compétition Etats-Unis/ Chine, les guerres proxy. Nous nous référerons aux sources d'actualité en essayant à partir d'exemples de rester neutre et de décrire une réalité souvent biaisée par des apriori politiques ou par une réécriture de l'histoire.

Marqueur numéro 11 – On placera ici tous les effets de la surinformation, des fakes, de l'impact des réseaux sociaux, voire de l'Intelligence Artificielle et des conséquences sur l'emploi, les dettes et l'asservissement par la dette, Hegel et sa philosophie politique, etc. On abordera dans ce cadre le glissement de la communication destinée à manipuler les opinions publiques, vers la négation du réel, d'où le passage vers l'ère des soulèvements : Caspar Yann[18]. Edwards Bernay[19][20], Edward S. Herman et Noam Chomsky[21].

Marqueur numéro 12 – La Post-Vérité[22][23] (post – truth). On ne peut pas examiner les évènements actuels sans prendre en compte le fait que nous entrons (ou que nous sommes entrés) dans l'ère de la post – vérité. C'est à dire dans un espace où la « vérité vraie » en fait le réel est supplanté par les opinion

---

[18] Caspar Y., Edwards Bernay, l'homme qui murmurait à l'oreille des foules, Editions de la Nouvelle Librairie, 2023

[19] Bernay E., Propaganda, comment manipuler l'opinion en démocratie, Editeur Zones, 2007

[20] Caspar Y., De la manipulation des opinions publiques à la négation du réel, la fin de l'ère Bernays, Communication et Influences, n°45, Juin 2023

[21] Herman E. S., Chomsky N., Manufacturing Consent, 1988

[22] Haack, S.. Post "post-truth": Are we there yet?. *Theoria*, 2019, vol. 85, no 4, p. 258-27

[23] Laketa, S., "Even if it didn't happen, it's true": The fantasy of geopolitics in the "post-truth" era. *Emotion, space and society*, 2019, vol. 31, p. 155-161

personnelles, l'émotion, l'irréalité, les convictions religieuses, etc. Ainsi l'énoncé de la vérité n'a plus d'importance, la vérité devient en fait ce que les gens croient à partir de leur perception, de leur croyance ou du moins ce qu'on leur fait croire.

2 Méthodologie

2.1 Méthodologie et diversité

Nous allons examiner les différents impacts de ces marqueurs dans le cadre de l'Asie (entre-autre de la Chine), de l'Occident et du Sud global. Ceci va conduire à des scénarios plus ou moins probables. Nous ne nous situons pas dans le cadre du « back casting » où on se fixe l'horizon voulu et où on déduit à partir du présent ce qui doit être réalisé pour l'atteindre, mais dans le cadre d'une prospective globale où des scénarios divers pourrons se réaliser suivant les impacts endogènes (géopolitique, économie, néo-libéralisme, économie administrée, ….) et exogènes (effet du changement climatique, pandémie, séismes...) Cette méthode qui peut être plus ou moins élaborée en fonction des variables considérée est générale, elle peut être à la fois appliquée à des entités précises, à des régions à des Etats. Elle est actuellement mise en œuvre dans différents travaux entrepris entre-autre par Pierre Fournie et Henri Dou[24] [25].

Nous avons actuellement à notre disposition un ensemble de méthodes et de mises en pratiques de celles-ci permettant de réaliser rapidement des études d'opinion, d'atteindre dans certains cas un consensus et donc de conduire à des scénarios qui seront dans la mesure du possible exempts de biais. On peut citer parmi ces méthodes l'utilisation de Delphi via l'Internet, où un des meilleurs exemples est celui du Korean Delphi qui a permis en consultant des milliers d'experts de réaliser un consensus sur les technologies à développer en Corée et sur les

---

[24] Fournie P., Dou H., L'Indonésie à la croisée des chemins, Revue Internationale d'Intelligence Economique, R2I2, vol 9 1/2017

[25] Fournie P., Thèse L'Indonésie à la croisée des chemins : Quelle place pour l'archipel dans le monde du XXIème siècle ? L'Intelligence Compétitive au service de la Prospective, Université Gustave Eiffel soutenance prévue Janvier 2024

axes de recherche fondamentaux et appliqués y afférents[26] [27], «par conséquent, l'objectif principal du Delphi coréen est d'aider les organisations de R&D en fournissant des données explorant la voie du progrès technologique de manière scientifique. Cette enquête se caractérise par l'utilisation de la méthode Delphi en trois tours comme méthode exploratoire. L'enquête a porté sur les périodes de juin 1992 à mai 1993 pour les activités préliminaires et d'août 1993 à septembre 1994 pour l'enquête principale. Le coût de l'enquête s'élevait à environ 150 000 dollars américains.» Shin Taeyoung indique aussi qu'au Japon cette méthodologie est couramment depuis plus de 30 ans ! Il est possible aussi d'utiliser le « brain storming » couplé avec la pensée latérale développée par Edward de Bono[28] [29] *« qui a utilisé le terme « latéral » pour décrire les caractéristiques de la pensée créative. La pensée latérale concerne spécifiquement la génération de nouvelles perceptions et de nouvelles idées. Il y a un chevauchement avec la créativité, puisque les deux visent à produire quelque chose de nouveau, mais la pensée latérale est une définition plus précise du processus de changement des perceptions : changer la façon dont nous regardons les choses. Dans la pensée latérale, nous avons tendance à explorer toutes les différentes façons de voir quelque chose. La pensée latérale ne concerne pas seulement la résolution de problèmes ; il s'agit de nouvelles façons de voir les choses et de nouvelles idées de toutes sortes »*.

---

[26] Taeyoung S,. "Using Delphi for a long-range technology forecasting, and assessing directions of future R&D activities the Korean exercise.
" Technological Forecasting and Social Change 58.1-2 (1998): 125-154
[27] Seon J. J., and al., Basic Therapeutic Approach for Patients with Plaque Psoriasis: Korean Expert Consensus Using the Modified Delphi Method, Ann Dermatol, 2023 Jun;35(3):173-182
https://pubmed.ncbi.nlm.nih.gov/37290951/
[28] De Bono E., Lateral Thinking: A Textbook of Creativity, Edition Life, Amazon
[29] Bala, S., "Lateral thinking vs vertical thinking." Deliberative Research 24.1 (2014): 25.
https://www.proquest.com/openview/97aa770103f0c6f4039468c6ff24ec46/1?pq-origsite=gscholar&cbl=2035015

Tout ceci pour souligner le fait que les méthodes et les exemples existent, mais que leur utilisation n'est pas aussi répandue que ce que l'on pense, tant il est difficile de s'extraire volontairement de l'emprise de biais ou de certitudes, conduisant souvent à des scénarios non souhaités ! et donc consciencieusement écartés. C'est sans doute cette forme d'aveuglement sur les changements mondiaux géopolitiques et des mentalités qui ont conduit ces dernières années à une perte d'influence des pays Occidentaux[30]. En effet, l'Occident, face à la croissance de la population mondiale ne représente pas une majorité, loin s'en faut, elle sera de l'ordre de 12% en 2050.

Région	2022 (%)	2030 (%)	2050 (%)
Afrique subsaharienne	**1 152** (14,5 %)	**1 401** (16,5 %)	**2 094** (21,6 %)
Afrique du Nord et Asie occidentale	**549** (6,9 %)	**617** (7,2 %)	**771** (8 %)
Asie centrale et Asie du Sud	**2 075** (26,1 %)	**2 248** (26,4 %)	**2 575** (26,6 %)
Asie de l'Est et Asie du Sud-Est	**2 342** (29,5 %)	**2 372** (27,9 %)	**2 317** (23,9 %)
Europe et Amérique du Nord	**1 120** (14,1 %)	**1 129** (13,3 %)	**1 125** (11,6 %)
Amérique latine et Caraïbes	**658** (8,3 %)	**695** (8,2 %)	**749** (7,7 %)
Australie et Nouvelle-Zélande	**31** (0,4 %)	**34** (0,4 %)	**38** (0,4 %)
Autres pays d'Océanie	**14** (0,2 %)	**15** (0,2 %)	**20** (0,2 %)
Monde	**7 942**	**8 512**	**9 687**

---

[30] Stuenkel O., Post-Werstern World, How Emerging Powers are remaking Global Order, Polity Press, 2016

2.2   De la diversité

Il paraît évident, que dans un tel contexte, or de toutes considérations politiques ou économiques, les 88 pour cent restant de la population ne pensent pas comme les Occidentaux. En outre la croissance économique de ces pays ainsi que leur mancipation politique constituent des signaux évidents qui auraient dus depuis quelques années avertir les Occidentaux qu'un changement était en cours.

 Il était aussi naïf de penser que l'ensemble des autres pays (non occidentaux) rejoindraient le système démocratique et que les droits de l'homme seraient pour eux une panacée. Il est en effet intéressant de se pencher sur l'histoire de ces derniers et de se poser la question d leur universalité. C'est ce que présente Lara Coël[31] dans son mémoire en se posant la question de leur universalité : « *Lorsque cette question est posée, que ce soit à un individu lambda ou à un spécialiste (philosophe ou juriste), les réponses apportées peuvent varier. Une lecture attentive de la doctrine révèle que nous ne concevons pas tous les droits fondamentaux de la même façon ; des personnes différentes retiennent des conceptions diverses et variées de ceux-ci[32]. Certains peuvent par exemple parler de 13 « droits naturels et inaliénables », là où d'autres évoqueront des droits rendus contraignants par divers instruments de droit positif. De la même façon, certains considèrent que l'invocation des droits de l'homme est une demande sincère et moralement justifiée visant à rectifier toutes sortes d'injustices, tandis d'autres personnes estiment qu'il ne s'agit de rien de plus qu'un slogan à traiter avec suspicion, voire avec hostilité[33]* ».

---

[31] Coël, L., and Coppens P. "L'évolution des droits de l'homme d'un point de vue pluridisciplinaire : en sommes-nous arrivés à une universalité?."

[32] Dembour M. B., What Are Human Rights? Four Schools of Thought, H.R.Q., 2010, n°1, p. 1 et 2

[33] Clapham A., Human Rights: A Very Short Introduction, 2e éd., Oxford,

2.3   Droit humain ou/et droit au développement

Est-ce que cette question est légitime ? Cela paraît aller de soi pour un Occidental, mais qu'en est-il pour les pays en développement ? Revenons aux définitions[34] :

Article premier

1. Le droit au développement est un droit inaliénable de l'homme en vertu duquel toute personne humaine et tous les peuples ont le droit de participer et de contribuer à un développement économique, social, culturel et politique dans lequel tous les droits de l'homme et toutes les libertés fondamentales puissent être pleinement réalisés, et de bénéficier de ce développement.

2. Le droit de l'homme au développement suppose aussi la pleine réalisation du droit des peuples à disposer d'eux-mêmes, qui comprend, sous réserve des dispositions pertinentes des deux Pactes internationaux relatifs aux droits de l'homme, l'exercice de leur droit inaliénable à la pleine souveraineté sur toutes leurs richesses et leurs ressources naturelles.

La question que l'on peut se poser est la suivante : l'Occident met en valeur dans tous les pays la prépondérance des droits de l'homme. Ceci pouvant être considéré par certains pays comme le cheval de trois de l'Occident. Un article de François Julien publié dans le Monde[35] situe bien le problème : « Les Occidentaux posent les droits de l'homme, et même les imposent, comme devoir-être universel, alors que ces droits sont issus d'un conditionnement historique particulier. Ils réclament

---

Oxford University Press, 2015, p. 1

[34] Nations Unies Droits de l'Homme, Déclaration sur le Droit au Développement, 4 Décembre 1986, résolution 41/128
https://www.ohchr.org/sites/default/files/rtd.pdf

[35] Julien F., Universels les Droits de l'Homme ? Février 2008,
https://www.monde-diplomatique.fr/2008/02/JULLIEN/15588

que tous les peuples y souscrivent, sans exception ni réductions possibles, tout en constatant que, de par le monde, d'autres options culturelles les ignorent où les contestent. Jusqu'où l'Europe peut-elle pousser ce déni et oublier l'agencement composite, forcé et même hasardeux, dont ces droits sont le produit au sein même de sa propre histoire ? »

Dans un tel contexte avec les blocs, la désoccidentalisation, l'avènement de nouveaux pouvoirs en Afrique, l'ascension de régimes « forts » et la résurgence des Empires, nous allons mettre en perspective la notion des droits de l'homme avec celle du droit au développement. Souvent, on a fait passer comme priorité absolu les droits de l'homme, ce qui est louable, mais le développement attendu par les populations n'a pas suivi. Le meilleur exemple est le plaidoyer récurent sur le développement nécessaire en Afrique pour freiner les migrations, plaidoyer resté sans réponse et laissé au gré des ONG les plus variées.

Si on se place maintenant au niveau géopolitique, on s'aperçoit que la Chine est en train d'inverser ce processus, en agissant en priorité sur le développement de grandes infrastructures (routes, ports, stades sportifs, centres techniques, énergie…). Cela pose le problème du niveau des investissements et de leur retour sur investissement. Dans le cas de la Chine, les infrastructures financées s'inscrivent dans la majorité des cas dans le développement mondial des routes de la soie (BRI Belt and Road Initiative)[36], ou dans l'exploitation de ressources primaires. La Chine peut donc investir massivement et de ce fait acquérir une perception positive et une légitimité des la part des populations[37].

---

[36] Zhigao L., Schindler S.,Weidong L,. "Demystifying Chinese overseas investment in infrastructure: Port development, the Belt and Road Initiative and regional development." Journal of Transport Geography 87 (2020): 102812.
[37] Blair R. A.,, Marty R., Roessler P., "Foreign aid and soft power: Great power competition in Africa in the early twenty-first century." British Journal of Political Science 52.3 (2022): 1355-1376

Il faut cependant souligner dans certains pays l'émergence d'un certain refus[38].

Par contre dans le cas des pays Occidentaux et principalement pour l'Afrique des pays européens, on assiste à une dispersion des moyens :

- D'une part parce que les pays européens agissent individuellement et donc n'atteignent pas un niveau nécessaire d'investissement
- D'autre part à cause de sujets très variés, n'ayant souvent pas de cohérence les uns par rapport aux autres. Par exemple dans le cas des programmes variés concernant le « genre », on peut se poser la question de leur utilité lorsqu'on s'adresse à des personnes sous le seuil de pauvreté ou à des personnes de confession musulmane ou des cultures ancestrales très différentes des nôtres. Souvent la perception est celle d'une vision décadente de la société par les anciens colonisateurs[39].

Dans un monde globalisé, où bien des populations manques de tout, depuis la nourriture, l'eau, les soins, il est évident que les besoins sont différents de celui de droits humains. Rien ne sert d'être plus libre si les besoins primaires ne sont pas satisfaits. C'est à notre avis un point de discussion crucial pour les pays occidentaux et leur politique extérieure.

---

[38] Sibiri, H., "The Emerging Phenomenon of Anti-Chinese Populism in Africa: Evidence from Zambia, Zimbabwe and Ghana." Insight on Africa 13.1 (2021): 7-27.
[39] Bien que ces programmes soient acceptés car on ne refuse pas les subventions !

3 Analyses présentées

Les différentes analyses présentées concerneront l'Occident, l'Asie, le Sud Global de manière séparée. Elles prendront en compte, dans la mesure du possible les divers aspects décrits ci-dessus en nous focalisant sur ce qui nous paraît le plus significatif. Nous éviterons entre-autre une comparaison historique trop poussée, car les critères de comparaison ne sont pas constants dans le temps ne serait-ce qu'à cause des progrès technologiques.

A la simple vue des marqueurs que nous avons utilisé pour notre réflexion, on constate que le système global est un système à multi-paramètres réagissant entre eux. Certains servant de catalyseurs, d'autres de révélateurs, d'autres conduisant à des situations où la perte de contrôle paraît évidente. La prospective, si elle se dépouille des « barrières du bien – pensant », devra « penser l'impensable », tant les situations nouvelles créées par les interactions entre les paramètres sont pour certaines imprévisibles.

3.1   Des Biais et de la croyance dans les modèles existants.

Le propre de l'être humain, dans l'approche que nous avons décrite est de faire valoir de manière plus ou moins appuyée ses arguments pour ensuite peser sur les décisions politiques. Dans ce cadre plusieurs points sont à examiner : notre passé, notre éducation, notre entourage familial et professionnel, notre engagement politique (si cela est le cas), notre addiction aux réseaux sociaux façonnent notre manière de penser. Cela introduit un certain nombre de biais dans les raisonnements. Cela joue à plein dans le domaine de la prospective. Il est donc évident qu'on ne peut pas dans les analyses possibles se référer à un seul individu ainsi qu'à des groupes d'individus similaires par leur formation, leur statut social, etc. Il est donc évident que dans tout système (Delphi, Brainstorming, etc.) cette donnée doit être prise en compte. C'est ce que nous avons essayé de faire pour aboutir aux scénarios possibles qui vous serons présentés. Pour une analyse plus poussée sur les biais consulter la présentation réalisée dans le cadre du programme Pythia Européen[40]. Une manière simple de visualiser les biais d'interprétation est de prendre un exemple. Nous utiliserons celui des migrations. Pour un européen, elles sont directement liées aux migrants venant de l'Afrique et de l'Afrique du Nord. Pour un américain elles seront liées aux migrants mexicains, etc. Pourtant la majorité des migrations a lieu en Afrique où les populations « déplacées » à cause de la guerre, de l'insécurité ou de la famine sont très nombreuses comme le souligne Sylvie Bredeloup[41] plus de trois quarts des Africains continuent de migrer à l'intérieur du continent africain. En Europe même, le « déplacement » récent des plus de 100.000 arméniens du Haut – Karabakh vers l'Arménie en est un autre exemple, quelle que soit la vision politique de cette situation on est en face d'une migration. De même les personnes « déplacées » à la suite de la guerre en Ukraine constituent un autre exemple. Ceci montre qu'il est de plus en plus nécessaire de s'informer largement pour avoir une opinion exemple de parti pris ou de biais liés à notre sentiment ou à la manière dont on est informé

---

[40] Dou H., Biases in Technology forecasting, Pythia, European Union's Preparatory Action for Defence Research, Military University of Technology, Warsaw 3-4th of April 2019

[41] Bredeloup S., « Les mobilités à l'intérieur du continent africain ou la face cachée des migrations africaines », *in* S. Sadouni et

M. Gabizo (dir.), Migrations et gouvernance en Afrique et ailleurs, Québec, Presses de l'université du Québec, 2020, p. 13-42

3.2 De la croyance

3.2.1 De la croyance dans les modèles prospectifs existants

Nous nous référons par exemple au modèle World3 2000 (opus cité), ou le « back testing » qui s'avère concluant pour la majorité des paramètres, pose la question de la croyance dans le modèle. Ceci est particulièrement important car les scénarios induits par celle-ci sont primordiaux dans la prise de décision. La figure ci-dessous doit être examinée dans l'intervalle 2010-2030, c'est à dire dans un intervalle de dates qui nous concerne particulièrement. Nous sommes en 2023 c'est à dire à un point d'inflexion de la courbe démographique. Selon qu'on fait ou ne fait pas confiance au modèle (et c'est là que les biais interviennent), les scénarios induits vont être très différents : au plan du développement africain, des migrations, de la puissance de l'Asie (entre-autre le l'Inde de la Chine et de l'Indonésie qui sont les pays les plus peuplés). Il n'y a pas malheureusement de travaux sur un « back testing » des années situées entre 2010 et 2023, mais, le vécu de cette période nous permet de dégager des faits marquants qui ne vont pas dans le sens de l'optimisme. Citons sans que la liste soit limitative, la genèse de la guerre en Irak, le retrait des puissances occidentales de de l'Afghanistan, la pandémie du COVID-19, la guerre en Ukraine, la guerre au Moyen Orient, la compétition croissante Chine- USA, les « coups d'Etat » en Afrique et les effets du dérèglement climatique et toutes les conséquences qu'il entraine. Ainsi ces « perturbations » répétées nous interpellent car elles ouvrent un avenir différent de celui dont notre mémoire conserve la trace. Ceci introduit une déstabilisation au niveau des jugements, des prises de positions, et dans certains cas une inhibition dans l'action.

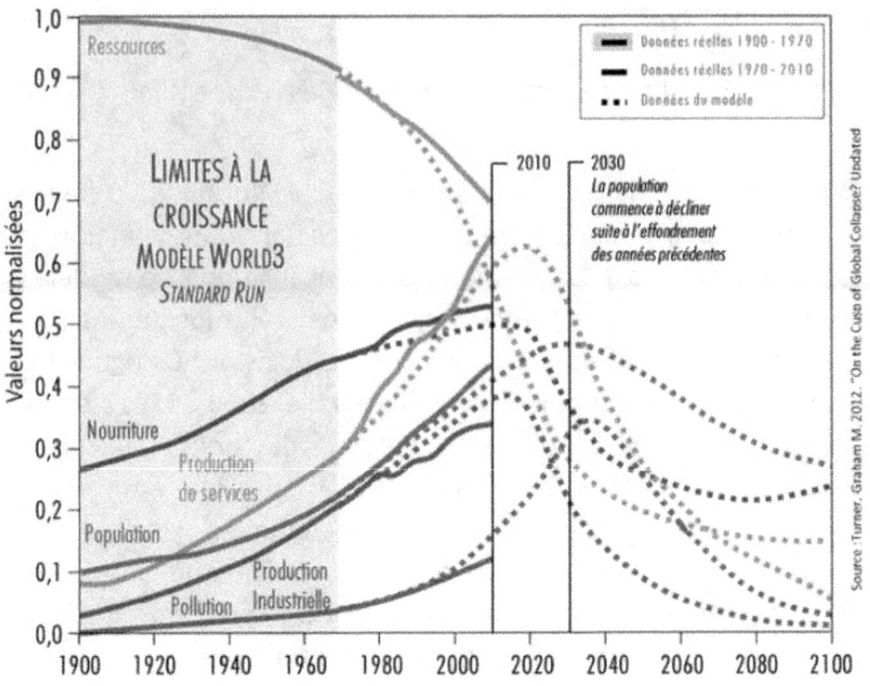

Figure 1. Le modèle World3 actualisé avec les données réelles allant jusqu'à
l'année 2010. (Turner 2012)

3.2.2   De la croyance religieuse

Nous avons signalé dans le préambule à cette étude, que nous entrions (en fait que nous sommes) dans l'ère de la post-vérité. Bien que cela ne soit pas visible directement, certains l'ont bien analysé et utilisent les médias entre autres sociaux pour capter notre coefficient émotionnel pour nus pousser à agir dans un sens voulu, sans que nous subissions une coercition quelconque. Ce nouveau « soft-power » a aussi une autre particularité celle d'être autopoïétique[42]. En effet la facilité d'utilisation de la diffusion écrite, audio, vidéo, va s'adapter aux circonstances et ainsi garder toute son efficacité malgré de multiples appels à la raison.

Si nous avons abordé en première partie la croyance dans les modèles, on peut toujours dans ce cadre faire appel à des tiers de confiance pour faire émerger une prise conscience (entre-autre des « experts » analysant les aléas de plus en plus importants subit par les populations et prescrivant souvent des « remèdes » contradictoires !). Mais, il existe un domaine où cette approche n'est plus valable : ce sont les religions. En effet le lien entre religion et pouvoir va, dans certaines périodes historiques, bouleverser les rapports sociaux, conduire à des guerres, à des pogroms et des massacres. « L'enjeu étant de conférer une dimension sacrale au pouvoir politique tout autant que de permettre à une religion de bénéficier de l'appui de l'État. Ces rapports à double sens ont conduit à des relations complexes

---

[42] L'autopoïèse (du grec auto soi-même, et poésies production, création) est la propriété d'un système de se produire lui-même, en permanence et en interaction avec son environnement, et ainsi de maintenir son organisation (structure) malgré son changement de composants (matériaux) et d'informations (données).
Wikipédia : https://fr.wikipedia.org/wiki/Autopo%C3%AF%C3%A8se#:~:text=L'autopo%C3%AF%C3%A8se%20(du%20grec%20auto,d'informations%20(donn%C3%A9es).

entre les deux protagonistes. Ceux-ci peuvent aller de la théocratie, lorsque le chef religieux est aussi un chef politique, jusqu'à la soumission du politique au religieux, ou vice versa[43] ».

C'est ainsi, que sous diverses pressions la religion est de plus en plus utilisée par certains comme une arme de pouvoir au plan intérieur, mais aussi comme une arme de déstabilisation au plan extérieur. C'est ainsi que le jihad, la formation en Iraq et Syrie de proto-états (qui ont été partiellement éradiqués), l'appel à l'action terroriste et au martyr, sont de plus en plus utilisés pour développer de nouveaux moyens de lutte dissymétriques. On est alors face à un problème qui dépasse la raison, celui de la croyance religieuse placé au-dessus des lois qui permettent le fonctionnement des états. Ainsi, même ai sein des démocraties libérales, le poids des instances religieuses s'accroît[44].

---

[43] Pouvoir et Religion. Des liens historiques traditionnels, https://www.assistancescolaire.com/eleve/1re/histoire-geo-geopolitique-sciences-politiques/reviser-le-cours/1_hgp_13

[44] Religion Remains a Strong Marker of Political Identity in U.S. https://news.gallup.com/poll/174134/religion-remains-strong-marker-political-identity.aspx

4 En amont des scénarios, quelques considérations historiques

- **Seconde guerre mondiale – bombardement conventionnel de Tokyo: 100,000 morts** La signature du Traité de paix de San Francisco en septembre 1951, met officiellement fin à la Seconde Guerre mondiale et à l'occupation du Japon par les Alliés. Lorsque le traité entre en vigueur le 28 avril 1952, le Japon redevient un État indépendant et est un allié des États-Unis[45] et en 2023 ms Etats-Unis et le japon renforcent leur alliance[46].
- **Seconde guerre mondiale bombardement de Dresde** (Allemagne) 100.000 to 200.000 morts Le 6 mai 1955 l'Allemagne entre dans l'OTAN[47]
- **Guerre du Vietnam proche de 860.000 morts**[48]. Aujourd'hui le Vietnam est un des plus forts partenaires économiques des USA[49].

---

[45] https://share.america.gov/fr/chronologie-des-relations-diplomatiques-entre-les-etats-unis-et-le japon/#:~:text=Lorsque%20le%20trait%C3%A9%20entre%20en,un%20alli%C3%A9%20des%20%C3%89tats%2DUnis

[46] https://misterprepa.net/etats-unis-japon-alliance/

[47] https://www.nato.int/cps/fr/natohq/topics_52044.htm#:~:text=L'Allemagne%20est%20devenue%20membre,%C3%A0%20toute%20forme%20de%20r%C3%A9armement

[48] BBC news Africa https://www.bbc.com/afrique/articles/c9r0e0dzd4ko#:~:text=The%20military%20loss%20communists%20ont,%20of%20civilian%%2020have%20%C3%A9al so%20p%C3%A9ri

[49] In Nothing is impossible John Kerry Published by Rutgers University Press 2022 https://www.degruyter.com/document/doi/10.36019/9781978825192/html

- **Irlande du Nord environ 3626 morts**[50] **à cause du terrorisme** en 2007 réconciliation[51]
- **Guerre Israël – Egypte** La première fois qu'Israël a fait la paix avec un pays arabe, c'était en 1979 avec l'Égypte[52]

Ces quelques points historiques montrent qu'à l'échelle du temps la guerre a conduit aux changements des acteurs politiques, l'économie a fait son œuvre et ce qui paraissait impossible s'est réalisé. Bien sûr les constantes de temps sont différentes selon les circonstances, mais, historiquement elles représentent peu, même comparées à la vie d'un être humain. Récapitulons :

Type de réconciliation	Temps nécessaire
France Allemagne (post deuxième guerre)	17 ans
Etats-Unis Japon	7 ans
Etats Unis Vietnam	35 ans
Israël Egypte	31 ans

Tableau 2 : Période temps nécessaires pour la réconciliation

Pourquoi faisons-nous ce rappel ? C'est pour montrer que dans certaines circonstances, quand les esprits ne peuvent plus raisonner mais sont mus par l'émotion, par l'irrationnel, « la guerre va passer », ensuite les acteurs vont changer, et de nouvelles situations vont apparaître débouchant sur des situations et des accords nouveaux. Une des leçons de l'histoire, c'est qu'après un conflit la majorité des acteurs qui l'ont généré

---

[50] https://fr.wikipedia.org/wiki/Conflit_nord-irlandais#Co%C3%BBt_humain
[51] McDermott P., Mairéad N. C.,. "When language rights are not enough: Dialogue for reconciliation in post-conflict settings." *Language Problems and Language Planning* 46.2 (2022): 171-191
[52] L'Ina éclaire l'actu https://www.ina.fr/ina-eclaire-actu/1978-israel-egypte-paix-accords-de-camp-david

ne seront plus au pouvoir, bien entendu cela est évident pour les perdants, mais aussi très souvent pour les gagnants.

Une des questions que l'on peut aussi se poser actuellement est la suivante ; qu'advient-il si un des Etat engagés dans une guerre proxy possède la puissance atomique ? En effet la seule fois où celle-ci a été engagée il n'y avait qu'un seul Etat qui la possédait dans le monde. Actuellement ce n'est plus le cas et ceci pose question. En effet cette situation pourrait conduite ç un conflit nucléaire généralisé avec ses conséquences (On estime que plus de 5 milliards de personnes disparaitraient[53]).

---

[53] Nature, https://www.nature.com/articles/d41586-022-02219-4

5 Quelques scénarios possibles

Parmi les possibilités multiples, nous allons présenter quelques scénarios possibles. Il restera au lecteur d'envisager les siens, ou de croire ou ne pas croître dans ceux présentés ici.

5.1 Le dérèglement climatique arbitre du changement :

Ce scénario a été placé en premier, car, quel que soit les autres scénarios possibles, il impactera l'ensemble sans que l'on puisse agir politiquement ou militairement ou économiquement sur lui !

Les effets du dérèglement climatique vont plus vite que ce qui était prévu. La sécheresse s'étend sur des zones géographiques comme l'Espagne, les Etats-Unis, une partie de l'Afrique ainsi que de l'Afrique du Nord, Chine, Asie du Sud Est .. amenant moins de productions agricoles endogènes, sans doute des épidémies encore localisées et des révoltes contre le pouvoir qui compte tenu de la rapidité de la crise n'a pas de solution de repli. L'Asie avec la montée des eaux, les inondations, ouragans, etc. voit son potentiel de récolte rizicole partiellement détruit ce qui conduit à une déstabilisation de la zone. Des conflits locaux apparaissent au niveau du « partage des eaux ». A ce titre l'Egypte serait directement concernée. Les effets climatiques (incendies, inondations, éboulements, …) deviennent trop importants et récurrents. L'Europe ne peut plus faire face ce qui introduit une ou des fractures dans l'Union Européenne (soutient aux pays sinistrés, mais aussi remise en question de certaines politiques comme la PAC par exemple). Dans un tel cadre la légitimité des pouvoirs politiques sera contestée du fait de leur impossibilité à répondre aux perturbations répétées.

Les Nations Unies[54] alertent régulièrement sur cet état de fait : « *L'arrivée d'El Niño augmentera considérablement la probabilité de battre des records de température et de déclencher une chaleur plus extrême dans de nombreuses régions du monde et dans les océans* », a déclaré le Secrétaire général de l'OMM, Petteri Taalas. L'annonce d'un épisode El Niño par l'OMM est un signal donné aux gouvernements du monde entier pour qu'ils se préparent à limiter les effets sur notre santé, nos écosystèmes et nos économies », a-t-il souligné. « *Les alertes précoces et les mesures d'anticipation des phénomènes météorologiques extrêmes associés à ce phénomène climatique majeur sont essentielles pour sauver des vies et des moyens de subsistance* ».

5.2   Guerre en Ukraine

On ne peut pas analyser ce qui se passe en Ukraine sans tenir compte des aspects historiques afin de mettre en perspective les différents enjeux de celle-ci. Un bref rappel est nécessaire :

5.2.1   La Crimée et l'Ukraine

Pour rester dans l'histoire récente[55], rappelons qu'après la guerre Russo-Turque (1768-1774) celle-ci devint indépendante et fut annexée par Catherine II en 1783. En 1792 ceci a été entériné par un traité entre l'Empire Russe et l'Empire Ottoman. Notons que c'est à cette époque qu'est créé le port de Sébastopol.

Après la révolution Russe de 1917, la Crimée fut érigée en république autonome (1921) sous le nom de République socialiste soviétique autonome de Crimée. En 1946 la République de Crimée fut abolie et c'est en 1954 que la Crimée, fut cédée par Nikita Khrouchtchev (originaire de l'Ukraine) à l'Ukraine par

---

[54] Nations Unies, ONU Info. https://news.un.org/fr/story/2023/07/1136622

[55] https://www.axl.cefan.ulaval.ca/EtatsNsouverains/crimee-2HSt.htm

décret après une délibération de 15 minutes du Comité Central ! Mais en exceptant la zone de Sébastopol qui restait attachée à l'URSS. Après la dissolution de l'URSS en Décembre 1991 est créée la Communauté des Etats Indépendants en 1992 (CEI) l'Ukraine et la Russie travaillent sur une solution permettant à la Crimée d'avoir un statut spécial et à la suite de ces discussions une première constitution de la Crimée est proclamée en 1992. En 1994 a eu lieu la première élection à la Présidence de la Crimée elle fut gagnée par un candidat pro-Russe qui organisa un sondage (en remplacement d'un référendum), et 70% des votants optèrent pour une plus grande liberté de la Crimée vis-à-vis de l'Ukraine. En 2010 en tant que région autonome de l'Ukraine, la Crimée élit ses représentants et le parti Russophone remporte la majorité des sièges. Courant 2013 la direction de l'Ukraine (pro-Russe) décline la proposition de l'Union Européenne de la rejoindre. C'est à partir de ce moment qu'une partie de l'Ukraine (Ouest) va se révolter pour conduire au départ en 2014 du pouvoir pro-Russe, remplacé par un pouvoir proche des Européens. Il est évident que dès ce changement et compte tenu de la présence de la flotte Russe à Sébastopol, une réaction de la Russie était prévisible, elle a effectivement eu lieu en 2014.

Sur le plan de la perception[56], les pro – européens considèrent que ce changement de pouvoir en Ukraine est une « révolution » (révolution de Maidan) alors que du côté Russe on considère celle-ci comme un « coup d'Etat ». C'est à partir de ce moment que des tensions de plus en plus fortes vont se développer, le gouvernement de la Crimée ne reconnaissant pas le nouveau Président de l'Ukraine. Un référendum doit être organisé en Crimée, mais celui-ci est repoussé et à la suite de diverses tensions, le gouvernement de Crimée fait appel à la Russie.

---

[56] Wikipedia https://fr.wikipedia.org/wiki/Histoire_de_la_Crim%C3%A9e

Ensuite le 11 mars, le parlement de Crimée proclame l'indépendance et le 18 mars 2014, le président de la Russie signe avec les dirigeants de Crimée un accord sur le rattachement de la Crimée à la Russie.

On constate ainsi que la Crimée a été grecque, tatare et ottomane pendant dix siècles, puis Russe, puis Ukrainienne avant de redevenir Russe en 2014 (sans que cela soit entériné au niveau international). En bref la Crimée a été Russe de 1783 à 1954 et Ukrainienne de 1954 à 2014 sans que cette appartenance ait été le fait d'une conquête ou d'une adhésion populaire. Ceci replace l'ensemble dans un contexte historique et soulignera l'importance de la Crimée dans les représentations mentales Russes.

5.2.2 La Guerre entre l'Ukraine et la Russie aurait-elle pu être évitée ?

Diverses voix s'élèvent pour après analyse essayer de répondre à cette question. Dès 2013 lors des manifestations de la place Maïdan, il était clair que l'Ukraine devenait un point central dans la lutte d'influence entre l'Est et l'Ouest. C'est ce qui a conduit Pascal Boniface à souligner dans un entretien que " Effectivement, sans l'Ukraine, la Russie cesse d'être un empire. Et il y a un intérêt stratégique de la part des Etats-Unis à pouvoir rapprocher l'Ukraine du camp occidental ". Son point de vue est complété par la constatation suivante : " *La guerre au Kosovo, l'élargissement de l'Otan, le déploiement d'un système antimissile qui remettait en cause la parité nucléaire entre Moscou et Washington, l'intervention en Libye, tout ceci a finalement fait penser à la Russie qu'il n'y avait pas de place pour elle dans une entente avec les pays occidentaux et Poutine en a commis la conclusion cruelle et absolument catastrophique de recourir à la guerre* ". A notre avis, l'Ouest a sans doute fait preuve d'aveuglement, en effet la dislocation de l'URSS n'a pas été la fin de l'histoire comme le soulignait Fukuyama avec le triomphe de la société libérale et de l'économie de marché, mais le commencement d'une autre histoire qui serait peut-être bien plus cruelle ! (ceci pourrait être une seconde lecture de son approche, mais soulignée cependant bien après la parution de la première édition de son livre)[57]. Une autre preuve d'aveuglement a été celle de l'entrée de la China dans l'OMC (Organisation Mondiale du Commerce) le 11 Décembre 2001. A cette époque, les Occidentaux voyait dans cette adhésion la possibilité réelle de faire évoluer l'économie chinoise vers l'économie de marché et on connait la suite… [58]. C'est cette forme d'aveuglement qui a conduit à considérer que la Russie après la dislocation de l'URSS ne comptait plus sur la scène internationale et donc que « l'on » pouvait faire ce que l'on voulait. Sans revenir au concept gaullien de l'Europe de l'Atlantique à l'Oural, il est évident que si un dialogue avait été amorcé à cette époque on aurait eu de grandes chances d'éviter la guerre actuelle[59].

5.2.3   Et la suite ?

Quel que soit le parti pris dans la légitimité de l'envahissement de l'Ukraine (depuis le refus du rapprochement de la Russie avec l'Europe lors de la fin de l'URSS, à la pression exercée par l'OTAN, ou à la reconstruction de l'empire Tsariste), la question

---

[57] Fukuyama, The end of history and the last man, Amazon, 1993, https://www.amazon.com/End-History-Last-Man/dp/0140134557

[58] Sachs, J.D. and Woo, W.T., 2003. China's economic growth after WTO membership. Journal of Chinese Economic and Business Studies, *1*(1), pp.1-31

[59] Ce point de vue est aussi partagé par Alain Juillet et exposé lors d'une Conférence réalisée sous l'égide de l'IHEDN le 14 Janvier 2023 à Lambesc, France

fondamentale est la suivante : une puissance nucléaire peut – elle « perdre la face » dans un conflit qu'il soit légitime ou non. Cette question est de première importance car elle sous-tend la politique occidentale voulant « épuiser la Russie » dans ce conflit. Une autre question sans réponse est celle de la dénucléarisation de l'Ukraine et ses conséquences voir à ce propos : The Withe House[60] et Cato Institute[61] qui reprennent en détail les différents aspects de celle-ci.

De toute manière cette situation avec ses conséquences économiques globales et la menace sur les approvisionnements mondiaux en céréales ne peut pas perdurer. Soit on va vers une solution « à la coréenne » c'est-à-dire à un partage territorial sous forme d'un armistice, soit vers une intensification du conflit avec tous les risques de débordements cités ci-dessus. Qu'en sera-t-il alors de l'après conflit quels sont les gouvernements qui devant leurs opinions publiques seront confortés ou pas ? et quelles en seront les conséquences ? C'est cet ensemble de questions qui poseront des problèmes et qui susciteront bien d'interrogations dans les opinions publiques. En effet, doit on sacrifier les forces vives d'un pays pour une victoire hypothétique ou doit on raisonner « froidement » en analysant le problème : l'Ukraine avec 35 millions d'habitants (compte tenu des départs et migrations) ne peut pas faire face sur le plan « humain » aux 140 millions d'habitants de la Russie.

---

[60] The Withe House Office of the Press Secretary, For immediate release November 21, 1994 - Explaining U.S. and German foreign policy decisions toward Ukraine Kovalevskyi, Ihor Monterey, California: Naval Postgraduate School, 2017, http://hdl.handle.net/10945/56747

[61] Cato Institute Foreign Policy Briefing No. 39:The Nunn-Lugar Act: A Wasteful and DangerousIllusion , Fireign policy briefind. March 18, 1996 Rich Kelly

En outre, le conflit actuel au Moyen-Orient qui avec les massacres commis le 7 Octobre par le Hamas et la réponse massive d'Israël nous projette dans la post-vérité et dans l'émotion. Ce qui place la guerre en Ukraine au second plan et permet au Président Poutine de se présenter comme un homme de dialogue avec les parties prenantes du conflit. Cette situation complique la position de l'Ukraine et favorise la position de la Russie sans bien entendu la légitimer. En outre la récente déclaration du Général en chef de l'armée ukrainienne pose bien le problème : « nous avons besoins d'un saut technologique de haut niveau de notre armement pour gagner ». Ceci plaiderait s'il était suivi pour une intensification du conflit. Mais, sera-t-il suivi avec tous les risques que cela peut engendrer ?

5.3 Guerre Israël – Hamas

5.3.1 Les conflits

Cette liste ne comprend que les conflits principaux. Une liste plus complète comprenant entre autres les intifadas, est accessible sur Wikipedia[62]. A nouveau, un rappel historique[63] est nécessaire, non pas pour apporter la solution, mais pour éclairer les débats et laisser entrevoir une solution. Au IVième siècle après Jésus Christ, la région devient terre sainte des chrétiens tout en restant un centre d'activité intellectuelle juive (La Galilée principalement). Vient ensuite la conquête au VIIième siècle par les musulmans, ce qui conduit à une islamisation de la population (conversions) et c'est à cette époque qu'elle devient aussi terre sainte pour les musulmans. Durant les croisades (XIIième et XIIIième siècles) elle devient une terre d'affrontement

---

[62] Wikipedia, Liste des guerres d'Israël,
https://fr.wikipedia.org/wiki/Liste_des_guerres_d%27Isra%C3%ABl
[63] Larousse, Palestine,
https://www.larousse.fr/encyclopedie/divers/Palestine/187758

entre chrétiens et musulmans, la victoire des musulmans tend alors à renforcer la notion de terre sainte pour ces derniers. Au début du XVIième siècle la Palestine passe sous contrôle de l'Empire Ottoman. C'est à cette époque que des émigrants juifs s'établissent en Galilée pour fuir les persécutions cette immigration étant essentiellement religieuse leurs ressources venant quasiment uniquement de la diaspora.

De 1834 à 1841 l'occupation égyptienne permet l'ouverture de la région aux occidentaux. Après 1840 la Palestine devient la terre sainte des chrétiens. A partie de 1870 l'immigration juive évolue de pieuse vers une immigration politique et économique et à partir de 1908 l'organisation sioniste fondée par Theodor Herzl[64] l'implante effectivement. Entre 1917 et 1918 la Palestine est un champ de bataille entre les armées Ottomanes et Britanniques et à l'issu du conflit elle est dotée d'un statut particulièrement ambigu : elle deviendrait arabe, elle serait internationalisée, elle serait dotée d'un foyen international juif, ou elle devrait respecter le droit des peuples à disposer d'eux-mêmes (dernières déclarations en 1918). Suit ensuite l'arbitrage franco-britannique où la Palestine devient un mandat Britannique comprenant un foyer national Juif qui ne doit pas s'étendre à la Transjordanie (devenu en 1949 la Jordanie). Ceci est ratifié par la Société des Nations en 1922. Entre 1920 et 1930 de violents incidents se produisent autour des lieux saints. Les sionistes voulant un état Juif et les arabes un état arabe et la constitution d'une entité binationale est rejetée par les deux parties.

Après 1936 l'avènement d'Hitler en Allemagne va intensifier l'immigration juive et le plan de partage proposé par Londres en 1937 conduit à un soulèvement des milieux arabes qui va durer jusqu'en 1940. A la fin de la seconde guerre mondiale des actions

---

[64] Herzl T.,
https://www.larousse.fr/encyclopedie/personnage/Theodor_Herzl/123812

terroristes sont menées par les groupes sionistes contre les britanniques va conduire à leur départ avec transmission du dossier palestinien aux Nations – Unies. Le 29 Novembre 1947 l'ONU vote le plan de partage de la Palestine en deux Etats, le territoire de Jérusalem est internationalisé. Dès cette promulgation de forts incidents éclatent entre les communautés. En Avril 1948 les sionistes prennent l'offensive et font évacuer les populations arabes du littoral (plusieurs centaines de milliers de personnes sont concernées). Ceci conduit à une trêve temporaire imposée par l'ONU. Le 9 juillet 1948 les combats reprennent les israéliens achèvent la conquête de la Galilée et la bande de Gaza passe sous leur administration. La guerre (ou guerre d'indépendance) est terminée en 1949.

La deuxième guerre israélo – arabe a lieu en 1956[65] à l'occasion de l'occupation du canal de Suez par les forces égyptiennes. Les forces franco – britanniques sont stoppées par une résolution de l'ONU, et l'intervention des USA et de l'URSS. Les frontières de 1949 entre l'Egypte et Israël sont rétablies. Notons que le Président d'Israël David Ben Gourion renonce à attaquer la partie de territoire où se sont réfugiées les forces égyptiennes. Ce deviendra la bande de Gaza[66].

En 1967 a lieu la troisième guerre israélo -arabe ou guerre des six jours. Le déclenchement de celle-ci est lié au remplacement de la force d'interposition de l'ONU par l'armée égyptienne et par les armements modernes fournis par l'URSS à l'Egypte et à la Syrie. Ceci conduit Israël à déclencher une guerre préventive qui se conclut par une défaite rapide des Etats arabes, par l'occupation de la Cisjordanie et du plateau du Golan et de la bande de Gaza

---

[65] Larousse les Guerres Israélo arabes,
https://www.larousse.fr/encyclopedie/groupe-homonymes/guerres_isra%C3%A9lo-arabes/125298
[66] Le Point, https://www.lepoint.fr/monde/comprendre-l-histoire-de-la-bande-de-gaza-en-8-dates-cles-19-10-2023-2539989_24.php

et du Sinaï. En aout 1967 les chefs d'Etat arabes, à Karthoum s'engagent à ne pas reconnaître l'Etat d'Israël. Enfin le 22 novembre 1967 la résolution 242 de l'ONU implique : le retrait israélien des territoires occupés, la reconnaissance d'Israël par les États arabes et une solution du problème des réfugiés palestiniens.

La quatrième guerre israélo-arabe ou guerre du Kippour a lieu en Octobre 1973. Secrètement préparé par l'Égypte et la Syrie, le conflit est déclenché le jour du Kippour (6 Octobre, fête Israélienne). Des attaques massives sont menées par la Syrie et l'Egypte avec le concours de l'Iraq de la Jordanie du Maroc et de l'Algérie. Il est possible que ce conflit ait été décidé par Saadate Président de l'Egypte et successeur de du Président Nasser pour provoquer une internationalisation du conflit et amener l'application de la résolution 242 de l'ONU. Bien que devant des forces supérieures, une meilleure tactique Israélienne suivie par une utilisation massive de l'aviation permet de rétablir l'équilibre des forces et conduire Israël à une victoire. Suivent alors différentes résolutions du Conseil de Sécurité. Le traité de paix entre Israël et l'Egypte est signé le 16 Mars 1979 à Washington il met fin à un état de guerre qui durait depuis 1948 et il est accompagné du retrait des implantations israéliennes dans le Sinaï. L'établissement de la paix entre Israël et la Jordanie intervient le 26 Octobre 1994. Il est suivi d'un accord commercial c complémentaire en 1996, Israël apportant entre-autre son aide pour la construction d'un centre médical à Amman. En Septembre 2023 divers articles de presse soulignent le rapprochement en cours entre Israël et l'Arabie Saoudite[67], ce dernier connu sous le nom des accords d'Abraham serait une

---

[67] United States Institute of Peace, Is Saudi Arabia – Israël Normalization Agreement on the Horizon ? September 28th 2023, https://www.usip.org/publications/2023/09/saudi-israel-normalization-agreement-horizon

étape historique bouleversant la géopolitique régionale. Certains articles n'hésitant pas à définir celui-ci comme the « deal of the century »[68].

Mais, le 7 octobre 2023 le Hamas attaque depuis la bande de Gaza Israël tuants sauvagement plus de 1200 personnes femmes et enfants compris. Cela déclenche immédiatement la cinquième guerre entre Israël et cette fois ci le Hamas, qualifié d'organisation terroriste à la suite des exactions commises le 7 Octobre. Nous connaissons la suite car on entre dans l'actualité du moment où les passions, l'irréalité, les religions s'entremêlent sans qu'il puisse y avoir de solution rapide. En fait il n'est plus question de réponse proportionnée à l'agression, mais d'une utilisation systématique de la force pour réduire l'opposant à néant, quel que soit le coût des pertes de la société civile présente dans la bande de Gaza. Comme nous l'avons présenté à la Conférence Rethinking the UE – MENA Coopération[69] (European Union – Middle East North Africa) on peut qualifier la situation d'inextricable, même si les opinions publiques s'émeuvent et laisser l'histoire continuer son cours pour arriver à une situation nouvelle.

5.3.2 La situation post conflit

Une des leçons de l'histoire, c'est que les conflits « oubliés » ou « gênants » s'ils ne sont pas résolus rapidement vont « couver sous la cendre » et exploser au grand jour de manière inattendue. C'est ce qui s'est passé à Gaza, avec en sus le fait de réduire pour un certain temps à néant les accords d'Abraham (qui ne mettaient pas en perspective le règlement de la question palestinienne). Regardons rapidement les conflits oubliés. Il est facile en utilisant une interrogation via l'Internet d'accéder à la

---

[68] https://www.ibanet.org/article/D2659617-4CAB-4FE9-8B60-A971485EC3D6
[69] Dou H., West, Global South, East, what future ?, Rethinking the UE – MENA Coopération, October 26 2023, https://www.ciworldwide.org/post/west-asia-global-south-what-future

liste des différents conflits mondiaux en cours. On peut ainsi avoir des listes fournies par différents organismes. Nous présentons dans la table suivante deux listes significatives des 10 principaux conflits mondiaux les plus importants.

Liste des conflits (Crisis Group) https://www.crisisgroup.org/fr/global/10-conflicts-watch-2023	Liste des conflits (United Nations) https://unric.org/fr/onze-crises-et-conflits-qui-perdurent-le-monde-en-2023
Ukraine	Myanmar
Arménie and Azerbaïdjan	Haïti
Iran	République Démocratique du Congo
Yémen	Corne de l'Afrique
Ethiopie	Sahel
République Démocratique du Congo et Grands Lacs	Afghanistan
Sahel	Liban
Haïti	Syrie
Pakistan	Yémen
Taïwan	Soudan du Sud

Tableau 3 : Les conflits oubliés

On peut aussi compléter avec la liste de la BBC, The BBC list[70] (seven conflicts) give the same result.

Mais, ce qui est remarquable est que dans aucune de ces listes ne figure la Palestine et pourtant la situation actuelle met bien

---

[70] BBC, https://www.bbc.com/afrique/monde-60751514

en évidence que cette « cause » génère un conflit majeur. Ainsi, dans la hiérarchie des « choses », la réalité ressurgit cruelle et souvent inattendue. Il faudrait donc, que les instances internationales ou les grandes puissances fassent en sorte que les conflits connus puissent être résolus. Les oublier ne dure qu'un temps, la réalité est dure et têtue.

Souvent, les conflits oubliés, vont conduire du « No Future » à une forme de désespoir rendant les populations captives d'une idéologie, ouvrant la voie à l'irrémédiable. C'est ce qui s'est passé à Gaza. Si le Hamas, par ses actes s'est marginalisé en commettant l'irréparable, il n'en demeure pas moins que la situation d'apaisement qui avait précédé ce conflit disparait pour un temps, laissant la place à un flot émotionnel qui attise les passions des belligérants. Le temps, quoiqu'on en dise n'est plus à la trêve ni au compromis, mais à l'entrée dans la post-vérité ou les passions en se déchaînant peuvent conduire au pire. L'histoire va sans doute s'accomplir et beaucoup d'innocents périront.

Est-ce à dire que la situation peut rester figée ? Elle l'a certes été entre la Jordanie et Israël de 1948 à 1994, mais nous ne sommes plus à la même époque, tout va plus vite. Il faut espérer qu'un système à deux états verra le jour, bien qu'il soit rejeté actuellement par toutes les parties. La solution à deux Etats, paraît actuellement au niveau international être celle qui est présentée comme la seule possible. Ceci est la position de la France[71], des USA[72], de la Turquie[73], …Il est évident que cette

---

[71] Mission permanente de la France aux Nations-Unies, 2022, https://onu.delegfrance.org/la-solution-de-deux-etats-est-la-seule-a-meme-de-repondre-aux-aspirations

[72] Ouest France, Joe Biden réaffirme le soutien à une solution à deux Etats, 2021, https://www.ouest-france.fr/monde/palestine/palestine-joe-biden-reaffirme-son-soutien-a-une-solution-a-deux-etats-7217688

[73] Alarabiya news, Two-state solution only way to achieve peace in Israeli-Palestinian conflict: Erdogan, https://english.alarabiya.net/News/middle-east/2023/10/08/Two-state-solution-only-way-to-achieve-peace-in-Israeli-Palestinian-conflict-Erdogan

solution qui est celle de la raison peut perdre du terrain au cours de la période de guerre, mais lorsque le conflit se terminera elle resurgira certainement. En tout cas, ceux qui pense que cette solution n'est pas viable ne proposent pas d'alternative crédible. Il existe cependant une autre voie qui serait d'assurer la sécurité Gaza avec une force internationale excluant les belligérants et de traiter sur le plan politique avec une force qui ne serait pas le Hamas. Mais cela fait partie de multiples points de vus tant des « experts » multiples sont sollicités pour apporter leurs idées sur la suite post-conflit. Une autre possibilité, qui pourrait aider à une restructuration politique réside dans le fait que pas tous les palestiniens sont d'accord avec le Hamas. Les récentes manifestations anti-Hamas qui ont eu lieu à Gaza en sont le témoignage[74].

Cependant, dans le même espace géographique les activités militaires dans la bande de Gaza ne doivent pas cacher ce qui se passe en Cisjordanie ou une colonisation de fait est réalisée depuis des années par Israël[75]. Ainsi, un rapport de l'Union Européenne, indique en 2022 « It remains the EU's firm position that settlements are illegal under international law. Israel's decision... further undermines the prospects of a viable two-state solution[76] ».

---

[74] The times of Israël, Les manifestations anti-Hamas réapparaissent à Gaza, mais tiendront-elles ? August 8th 2023, https://fr.timesofisrael.com/les-manifestations-anti-hamas-reapparaissent-a-gaza-mais-tiendront-elles/
[75] Le Monde, Cinquante ans d'occupation illégale en Cisjordanie : comment la colonisation n'a cessé de s'étendre, 31 Juillet 2023, https://www.lemonde.fr/les-decodeurs/article/2023/07/31/cinquante-ans-d-occupation-illegale-en-cisjordanie-comment-la-colonisation-n-a-cesse-de-s-etendre_5386842_4355771.html
[76] European Union, Report on Israeli settlements, December 2022 https://www.eeas.europa.eu/delegations/palestine-occupied-palestinian-territory-west-bank-and-gaza-strip/2022-report-israeli-settlements-occupied-west-bank-including-east-jerusalem-january-december-2022_en?s=206

5.3.3 Le terrorisme est-il une expression politique

Cette question qui choque évidement peut être posée tant il y a d'exemples dans le monde où le terrorisme a précédé le règlement de certains conflits et amené une prise en compte internationale qui a conduit à des solutions. On peut citer ici l'Algérie, Israël, l'Irlande du Nord, l'Afghanistan et sans doute bien d'autres. Nous ne voulions pas traiter ce problème tant il peut susciter la controverse, mais dans une période ou la vérité, le rationnel sont remis en question ce point de vue peut émerger pour justifier l'insoutenable.

Mais si cette remarque est faite, y-a-t-il une gradation dans le terrorisme ? Comment différencier le terrorisme de la résistance selon de quel côté des belligérants on se trouvent ? En outre dans le conflit Israélo-palestinien, mais le terme le plus approprié serait sans doute israélo-Hamas, peut-on classer ce qui est arrivé le 7 Octobre 2023 comme une action politique ou comme une action tendant à effacer une population ?

L'analyse montre que de même que les exactions perpétrées dans le cadre du proto Etat islamique, qu'il y a dans le terrorisme des gradations et qu'au-delà de certaines limites les comparaisons ne sont plus possibles. On franchit alors le seuil du rationnel pour entrer dans l'émotion et le développement d'actions militaires « réparatrices » qui devront se dérouler pour qu'après, souffrances toujours présentes mais maîtrisées, on puisse aborder la période des solutions possibles.

5.4 Confrontation Chine – USA

Au-delà des scénarios possibles, la rencontre prévue entre les Présidents des USA et de la Chine en Novembre 2023, est susceptible de changer les prévisions possibles basées sur les données actuelles. Il est évident que ce qui sera dit ou conclu dans ce cadre ne sera pas public et que les effets de cette rencontre ne seront pas sensibles dans l'immédiat. Ceci contribue à avoir une marge d'approximation plus grande au niveau des scénarios envisagés. Un grand nombre de scénarios sont possibles.

5.4.1   La confrontation directe

Cependant, pour ne pas arriver à une apocalypse générale le scénario d'une confrontation nucléaire directe a été écarté, bien que cela reste possible, la folie humaine n'ayant pas de limites. Dans un tel scénario, plus de 75% de la population mondiale disparaîtrait, soit directement soit par la famine qui suivrait[77]. Il faut espérer que la déclaration faite en 1985 par le président américain Ronald Reagan et le secrétaire général du Parti communiste soviétique Mikhaïl Gorbatchev et réaffirmée par le président américain Joe Biden et le président russe Vladimir Poutine en 2021, selon laquelle "une guerre nucléaire ne peut être gagnée et ne doit jamais être menée" est toujours d'actualité même si on remplace la Russie par la Chine.

5.4.2   Les guerres proxy

Nous penchons sur le développement de guerres proxy, la zone Asie étant directement concernée. Cela dépendra en partie de la position des pays des BRICS plus concernés par la zone et en particulier de l'Indonésie et de l'Inde. Dans ce type de confrontation, il sera difficile de rester neutre. Ainsi quelle que soit la position adoptée, les influences religieuses pourront être manipulées au profit d'un l'un ou l'autre des principaux acteurs.

---

[77] Commission Européenne, Cordis, A quoi ressemblerait le monde au lendemain d'une guerre nucléaire entre les USA et la Russie, https://cordis.europa.eu/article/id/442055-what-would-the-world-look-like-after-a-nuclear-war-between-the-united-states-and-russia/fr#:~:text=Une%20%C3%A9tude%20r%C3%A9v%C3%A8le%20qu'une,p%C3%A9rir%20des%20milliards%20de%20personnes.&text=Avec%20environ%2015%20000%20armes,la%20plus%20d%C3%A9vastatrice%20qui%20soit.

5.4.3   L'entente

Devant l'impossibilité pour l'un ou l'autre de ces acteurs de l'emporter, un partage du monde peut se dessiner. Dans ce cas, la situation de l'Europe ainsi que de divers pays d'Asie restera en débat. Ceci sous-entend que les Etats – Unis admettent que leur position ne soit plus hégémonique.

5.4.4   La naissance d'un « nouveau » softpower chinois

Depuis peu de temps, on voit se développer une nouvelle approche chinoise qui se trouve plus orientée sur la connaissance des cultures extérieures. Il semblerait que les approches classiques du type espionnage, effets d'annonces, démonstration de force, sont contrebalancées par une approche plus « souple » plus « humaniste » mettant en valeur des caractéristiques chinoises plus « acceptables ». Ceci ne faisant que corroborer l'analyse de Joseph Nye[78] à propos du « softpower » chinois. « *Au début du XXIe siècle, l'essor de la Chine était déjà reconnu et constituait une réalité incontournable. La façon dont cette hausse progresserait aurait sans aucun doute un impact sur les États-Unis et les autres puissances établies. Le recours par la Chine au soft power dans son essor est particulièrement remarquable dans la mesure où ses ressources en matière de soft power sont rares et espacées, tandis que les situations qui ternissent son image, du moins aux yeux de l'Occident libéral, sont difficiles à surmonter.* ». Ce nouveau type de softpower qui semble coïncider avec une nouvelle génération de diplomates concerne principalement la fin de la remarque de Joseph Nye : « *tandis que les situations qui ternissent son image, du moins aux yeux de l'Occident libéral, sont difficiles à surmonter* ».

---

[78] Nye J. S., "The Rise of China's Soft Power", Wall Street Journal, December 29, 2005

Bien entendu, ces diverses orientations peuvent être bouleversées par des aléas incontournables dus aux changements climatiques, mais aussi à des changements de comportements sociétaux et politiques : pour la Chine, la Russie, abandon de la violence dans le management social, pour les Etats-Unis abandon de l'idée de dominance mondiale sans partage. Un aspect important à considérer est celui du leadership (ou d'une forme plus « soft ») des BRICS plus. Il est évident que si la Chine l'assume, elle aura un avantage important en matières premières, énergie pétrolière, ce qui lui permettrait d'accéder à ces ressources à un coût sans doute plus faible que ce qui serait proposé aux occidentaux.

Nous n'avons pas introduit ici le cas de Taiwan. En effet le développement hors Taiwan de la réalisation des puces électroniques de dernière génération s'accélère. De ce fait l'importance stratégique de Taiwan va diminuer. Resteront ensuite les relations commerciales et de proximité avec la Chine (Main land) qui conduiront à terme à une intégration sous une forme ou une autre de Taiwan dans l'orbite chinoise. Les élections qui auront lieu en Janvier 2024 à Taiwan donneront une précieuse indication.

5.5   Une propagande endogène de l'Occident moins efficace

Revenons à quelques fondamentaux entre-autre aux travaux de Noam Chomsky et Edward Herman publiés dan Manufacturing Consent (opus cité) ainsi qu'aux travaux d'Edward Bernays analysant l'impact des informations sur les individus décrit dans Propaganda (opus cité).

5.5.1 La réécriture de l'histoire

Un des aspects les plus importants développés par Noam Chomsky et Edward Herman, concerne le rôle des médias et entre autre le mécanisme qui les met sous l'influence des gouvernements et des élites dominantes. D'autre part, les grands organes de presse (à l'époque où le livre a été écrit), de nos jours on dirait les grands organes d'information (agences, très grande presse, etc.) qui ont les possibilités d'aller sur le terrain, de vivre en direct l'évènement, vont faire référence. Ainsi, leurs écrits, leurs relations des faits, seront ensuite repris (rewritting), par d'autres organes d'information et ainsi la tentation souvent réelle d'une réécriture de l'histoire va prendre le pas sur la réalité des faits. Dans la traduction française de l'ouvrage Dominique Arias[79], le traducteur, indique dans son avant-propos l'importance de cet ouvrage pour les lecteurs non américains. Il souligne entre-autre *« Seuls les grands médias, ls médias dits de référence peuvent se permettre de maintenir des reporters et des caméras partout où un évènement important est susceptible de se produire. …. Les médias sont divisés en strates, la strate supérieure - en matière de prestige, de ressources et de portée – comprenant aux Etats-Unis entre quinze et vingt-quatre groupes. C'est précisément cette strate supérieure qui, avec le gouvernement et les agences de presse, sélectionne, formule et produit la plupart des informations nationales et internationales en direction des strates inférieures et du public. »*

Un simple exemple parmi d'autres est celui du déclenchement de la guerre en Irak. La volonté de ne prendre aucun risque, celle d'un suivisme aveugle, celle de ne pas perdre sponsors et annonceurs a conduit à une adhésion à des faits présentés comme véridiques par une grande puissance partie prenante dans le conflit. Et ceci au détriment de toutes contestations ou

---

[79] Arias D., Investing'action www.investingaction.net

analyses contradictoires. En fait il n'y a jamais eu d'armes de destruction massive en Irak ! « Une dizaine d'années après, l'émergence d'informations contradictoires peut toujours remettre en cause les fondements de la campagne de propagande elles auront rarement assez de poids et de soutien médiatique pour effacer l'effet d'annonce » pourtant c'est cet effet qui a été le déclencheur de la guerre et c'est de cette manière que l'histoire est réécrite !

Une autre manière de considérer la propagande est celle abordée par Edward Bernays dans son ouvrage « Propaganda ». Nous référerons souvent à l'ouvrage publié par Yann Caspar[80] pour mettre en perspective l'œuvre de Bernays. Celui-ci nous indique que « toute entreprise humaine, quelle-soit commerciale, médiatique ou politique, si elle se refuse à employer la violence physique doit nécessairement manipuler ses cibles pour fonctionner. On a inventé ce doux mot de communication pour faire passer cette pilule… la lecture de Bernays nous permet de comprendre que nous avons le choix entre cette manipulation douce et imperceptible et la contrainte physique et violente des grands systèmes totalitaires. Mais, comme le souligne Yann Caspar, l'efficacité de la propagande démocratique tient au fait qu'elle s'appuie sur une illusion de liberté. Les citoyens et les consommateurs se soumettent volontairement à des actes allant dans le sens des gouvernants. Ils se soumettent en pensant qu'ils sont libres. Mais, ceci n'est valable que dans une société d'abondance où la satisfaction des désirs de chacun peut se réaliser. Mais, si l'on regarde l'évolution de la société occidentale depuis une dizaine d'années, on constate que cet état de fait est en train de basculer rapidement. Les inégalités se creusent, l'inflation augmente rapidement, l'énergie devient de plus en plus chère, le changement

---

[80] Caspar Y., Editions de la nouvelle Librairie 2023, « Edward Bernays, l'homme qui murmurait à l'oreille des foules »

climatique introduit des perturbations inattendues et de tous ordres, la société d'abondance est en train de s'évanouir. Alors, quand la propagande bernaysienne devient de plus en plus visible, l'ère du ou des soulèvements apparaît.

5.5.2 Une rupture de contrat entre l'Etat et le citoyen

Que ce soit en France l'épisode des gilets jaune, montrant une rupture entre le contrat état-citoyen, que ce soit la guerre en Ukraine avec ses implications alimentaire, énergétique, migratoire et militaire, que ce soit la pandémie du COVID-19 avec une remise en cause des tiers partis spécialistes qui se sont décrédibilisés, que ce soit le dérèglement climatique et ses multiples implications, tout le socle Bernaysien est e train de vaciller. A cela qu'elles sont actuellement les réponses : elles sont de plusieurs ordres par exemple plus de répression (épisode des gilets jaunes par exemple), la négation de la réalité (inégalités sociales, origines de la criminalité, etc.), substitution chez le citoyen de la pensée critique par la réaction émotionnelle Cependant, avec la contextualisation des réseaux sociaux, les vidéos instantanées, les preuves apportées (par exemple dans le calcul du taux d'inflation), dans l'impact des migrations en Europe (qui mettent en évidence le peu de solidarité entre états), la situation des gouvernants va devenir de moins en moins confortable, ouvrant la porte via le suffrage universel à de multiples dérives. Revenons un instant à Noam Chomsky qui soulignait que la propagande est à la démocratie ce que la matraque est à la dictature ! Ainsi, la douceur du traitement bernaysien va s'effacer, ouvrant sans doute la porte à une déstabilisation des démocraties.

L'apparition de médias alternatifs, que ce soit des médias « privés » ou des médias de pays hors de l'orbite occidentale contribue à une certaine ouverture (si on peut dire), car elle va susciter la polémique, une narration différente des faits et de fait à une brèche dans le système bien huilé de la propagande Bernaysienne.

5.6   La désoccidentalisation, le Sud global

Revenons à l'histoire. Les pays occidentaux, après avoir assuré leur développement industriel sur leurs propres ressources, entre-autre le charbon et les minerais présents sur leur sol ont vu ces ressources diminuer. Il a donc fallu trouver d'autres manières de procéder, ce qui a contribué dans une grande partie à la colonisation. Bien que ceci puisse être controversé, c'est la manière dont la majorité des pays colonisés perçoive celle-ci. Un autre aspect non moins important est l'esclavage. Toute une partie de l'Afrique reste traumatisée par cet épisode qui a contribué à la création de très grandes richesses en Europe et aux Etats-Unis (confer l'importance dans le subconscient des pays colonisés du « code noir[81] [82] »). Ces faits, sont à prendre en considération dans le cadre de la désoccidentalisation, car ils concernent une grande partie des pays en développement. En outre, en ce qui concerne l'Asie, la guerre de l'opium[83] a laissée en Chine des traces profondes qui peuvent à tout moment ressurgir.

L'hégémonie occidentale s'est imposée au niveau mondial depuis environ 250 ans. Ceci s'est accompagné du développement d'une pensée unitaire et d'un alignement sur les puissances occidentales dominantes, entre-autre au niveau économique. Cependant, il est difficile de maintenir perpétuellement les pays dits colonisés ainsi que leurs élites hors du champ du développement culturel, scientifique et

---

[81] Burns, F., P., The Black Code. Loy. LJ, 1923, vol. 5

[82] Niort, J-F., Le Code Noir, une monstruosité qui mérite de l'histoire et non de l'idéologie. *Le Monde*, 2015, vol. 15

[83] Parker, E. H., Wei, Y., Chinese account of the Opium War. Kelly & Walsh, Limited, 1888

économique. Ainsi on peut parler de déclin de l'Occident ou mieux de montée en puissance des autres nations, l'Occident donnant par comparaison une image de déclin. Est ainsi, est né de cet état de fait, une prise de conscience qui conduit inéluctablement au développement d'une culture, d'une vision, de relations, qui seront propres à ces pays et donc dans bien des cas, différentes de celles des occidentaux.

5.7   Les BRICS

L'extension des BRICS (Brésil, Russie, Inde, Chine, Afrique du Sud), avec l'entrée de l'Arabie Saoudite, des Emirats Arabes Unis, de l'Iran, de l'Argentine, de l'Ethiopie et de l'Egypte, dès janvier 2024, va représenter une puissance alternative importante dont la cohésion reste cependant à démontrer. Mais, cela conduira nécessairement à des changements d'attitudes à des visions différentes du monde et à une diminution significative de l'influence Occidentale. En outre les BRICS dès 2024 détiendront au niveau de l'énergie (malgré le dérèglement climatique, l'énergie basée sur les hydrocarbures liquides mais surtout gazeux a encore de belles années) et des matières premières un potentiel extrêmement important qui pourrait dans un futur proche leur donner un impact politique fort. En outre, si les BRICS plus et une partie ou la totalité du Sud Global trouvent des ententes tacites il est fort possible qu'il y ait une volonté de créer une nouvelle monnaie d'échange, concurrente du dollar, et basée soit sur l'étalon or, soit sur un panier de monnaies[84]. Cette possibilité est d'autant plus réelle puisqu' elle a été énoncée comme un des objectifs qui vont être poursuivis par les BRICS[85].

---

[84] Dixon, C., 2015. The new BRICS Bank: Challenging the international financial order?. *Global Policy Institute policy paper*, (28), pp.1-13

[85] Sindic, P., 2011. Les BRICs et leur idéologie ébauche d'une nouvelle gouvernance planétaire ou habillage de nouvelles stratégies de

Le tableau suivant met en évidence une comparaison significative qui permet « d'assainir » bien des raisonnements et points de vue sur le sujet.

	Population en millions (ONU via Banque Mondiale 2018)	PIB en PPA, en milliards de dollars (Banque Mondiale 2018)	Pétrole (Réserves prouvées en milliards de barils de brut (OPEP 2016)	Nombre d'ogives nucléaires (Federation of American Scientists 2013, Wikipedia)	Statut à l'ONU
Brésil	209	3 366 (8e)	13	0	État membre (*)
Russie	144	4 051 (6e)	80	4 450 (2016)	Membre permanent du Conseil de sécurité
Inde	1 352	10 498 (3e)	5,5	80 à 100	État membre
Chine	1 393	25 361 (1er)	26	environ 200	Membre permanent du Conseil de sécurité
Afrique du Sud	57	793 (29e)	< 1	0 (**)	État membre
Total BRICS	**3 155**	**44 069**	**135**	**environ 4 900**	**2 membres sur 5 du Conseil de sécurité**
Union Européenne	513	22 435	11	300 (France) + 225 (Royaume-Uni)	2 membres sur 5 du Conseil de sécurité
États-Unis	327	20 494 (2e)	32	4 018 (2016)	Membre permanent du Conseil de sécurité

domination?. *Recherches internationales, 91*(1), pp.37-46

5.8   Le Sud Global

On a vu apparaître ce terme il y a peu de temps. Il conforte le fait que le monde est en train de changer d'abord au niveau des données classiques comme le poids de la population mondiale où l'Occident ne représentera que 15%. Sur le plan économique aussi, où une baisse considérable du poids des pays occidentaux. Dans la croissance mondiale leur poids passera de 22% actuellement à 15% aux alentours de 2027. En outre, on voit aussi ce que l'on peut appeler la résurgence des empires, où le passé historique et utilisé par des minorités agissantes pour donner aux populations locales de nouveaux objectifs. Cela va bien sûr se combiner avec une mise en perspective des effets du colonialisme où « les valeurs de l'Occident se sont toujours arrêtées là où commençaient ses intérêts »[87]

Dans les pays caractérisant le Sud Global, on va trouver les non-alignés, les anti-occidentaux, ainsi que ceux qui par opportunisme vont se décider en fonction des circonstances. Mais, ce manque d'homogénéité ne doit pas nous tromper. Globalement, la vision de ces pays n'est plus la nôtre et leur compréhension du monde est différente. En outre ils ne considèrent plus qu'ils doivent « obéir » on dira suivre aveuglément la politique occidentale. Ceci est sensible au-delà des instances du Sud Global, puisque dans le cadre du récent

---

[86] Géoconfluences, Ressources de géographie pour les enseignants, BRICS, http://geoconfluences.ens-lyon.fr/glossaire/bric#:~:text=D'une%20mani%C3%A8re%20g%C3%A9n%C3%A9rale%2C%20les,l'apr%C3%A8s%20Seconde%20guerre%20mondiale

[87] Jean-Joseph Boillot Spécialiste des grandes économies émergentes. Auteur de Utopies made in monde (Odile Jacob, 2021), https://www.alternatives-economiques.fr/jean-joseph-boillot/monde-se-desoccidentalise-sud-global-nest-uni-contr/00106619

G20, la condamnation de la Russie (à propos de l'invasion de l'Ukraine) n'a pas été obtenue[88]. Peut-être, que pour ce groupe de pays la réécriture de l'histoire, par exemple à propos de la guerre d'Irak est remise en question ! et que la guerre en Ukraine est considérée comme une guerre entre occidentaux donc ne les concernant pas.

Comment ce groupe va évoluer dans le court terme ? Les pays en développement vont préserver et valoriser leurs richesses dans un monde ouvert donc plus éloigné de l'emprise occidentale, la Chine restera dans la confrontation avec les Etats-Unis, les producteurs de pétrole réguleront le marché à leur avantage et très certainement les discours nationalistes ne feront que croître. Ainsi entre confrontation directe et dialogue ce système devra trouver un équilibre. Mais, de toute manière l'Occident perdra une partie de son influence.

Sur le plan religieux, qui devient très important dans certaines parties du monde, différents types de confrontations sont à prévoir. Outre le maintien des antagonismes actuels (sunnisme versus chiisme, chiisme et judaïsme, islamisme radical et occident), on verra monter en puissance des situations nouvelles. Un des exemples et le fait que l'Inde va devenir le premier pays ayant la plus grande communauté musulmane du monde. Il est actuellement le troisième[89] après l'Indonésie et la Pakistan. Cette situation devrait conduire à une instabilité croissante. Exemple l'article du Monde traitant des violences religieuses[90] : « des violences religieuses entre hindous et

---

[88] Les Echos, September 10th 2023. « Les leaders du G20 réunis ce samedi à New Delhi se sont entendus sur un communiqué commun. Il n'est plus fait explicitement mention de « l'agression » russe qui avait été mentionnée dans la déclaration de Bali en 2022. »
[89] Wikipedia, Islam en Inde, https://fr.wikipedia.org/wiki/Islam_en_Inde
[90] Le Monde, 2023, https://www.lemonde.fr/international/article/2023/08/03/en-inde-des-

musulmans aux portes de New Delhi, capitale indienne placée en état d'alerte ». En outre, il faut souligner que l'instrumentalisation du « religieux » à des fin politiques (souvent de déstabilisation) risque de s'accroître entre-autre en Asie Pacifique.

5.9   Evolution du modèle économique néolibéral

Les économies occidentales ainsi que la vision politique qu'elles sous-tendent ont dès 1980 sous l'impulsion de Margaret Thatcher et de Ronald Reagan pris une orientation nouvelle : celle du néolibéralisme. Cependant, cette orientation qui est devenue un dogme du centre droit comme du centre gauche est en train d'atteindre ses limites. Comme le soulignent certains auteurs entre-autre Paolo Gerbaudo[91] « En économie, on parle depuis un siècle maintenant de ce modèle ondulatoire du cycle économique, tel que théorisé dans les « vagues » de 40-50 ans dont parlait l'économiste Nikolaï Kondratiev. Les cycles idéologiques semblent avoir un schéma similaire… Le néolibéralisme a marqué l'ère de la mondialisation et est devenu la pensée unique, largement acceptée par le centre-gauche et le centre-droit. Aujourd'hui toutefois, cette ère idéologique semble elle aussi toucher à sa fin. »

C'est ainsi que diverses analyses conduisent à penser que la pandémie du COVID 19 a constitué un tournant historique : le néo-étatisme remplaçant le néo-libéralisme. Ceci à cause des interventions massives des Etats, des plans de relance, etc. Le néo-étatisme, ainsi qu'une forme de centralisation de la décision sont aussi importants dans la prise de décision.

---

violences-religieuses-eclatent-aux-portes-de-la-capitale_6184323_3210.html
[91] Gerbaudo P., The Great Recoil : Politics After Populism and Pandemic, Verso Books, 2021

Témoin en est le développement des infrastructures. L'importance de celles-ci dans le développement d'un pays doit être souligné. Une comparaison des infrastructures de transport par exemple, entre la Chine, les USA et l'Inde montre que les chinois ont su investir plus rapidement dans ces infrastructures ce qui leur donne un avantage comparatif important. Voir à ce propos l'analyse bibliographique des effets des infrastructures de transport sur la localisation et le niveau de l'activité économique par Florian Mayneris[92]. Ceci montre qu'un pouvoir tourné vers le développement mais pas totalement vers le profit a su investir dans un domaine où le rapport sur investissement n'est pas optimal. Peut être est-ce la cause du vieillissement des infrastructures américaines.

De nombreuses autres « dérives » du système apparaissent : les inégalités sont de plus en plus fortes, le partage inclusif des biens communs[93] qui est remis en cause. Par exemple la monétarisation de l'eau[94] et surtout le problème de la monnaie, qui depuis 1971 comme le soulignent Edouard Husson et Norman Palma[95] « A l'origine de la crise, il y a un Système Monétaire International profondément déréglé par le régime de l'étalon-dollar. Depuis plusieurs décennies, des esprits avertis avaient prévenu des effets dévastateurs qu'aurait nécessairement la politique d'émission de plus en plus déraisonnable de la Réserve Fédérale américaine sur l'économie

---

[92] Mayneris F., UQAM, 2017
https://www.ecologie.gouv.fr/sites/default/files/Rapport%20Mayneris.v2.pdf
[93] Dou H., Gineys S., Juillet A. The commons, 2020,
https://www.ciworldwide.org/post/biens-communs-gouvernance-
%C3%A9thique-et-covid19-the-commons-ethical-governance-and-covid-19
[94] Petrella R., (Financialisation of Water and All of Nature: The Inacceptable Piracy of Life, 2023, https://www.transform-
network.net/en/blog/article/financialisation-of-water-and-all-of-nature-the-
inacceptable-piracy-of-life/
[95] Husson E., Palma N., Le Capitalisme malade de sa monnaie, Editeur François-Xavier de Guibert, 2005

mondiale. » Actuellement, en 2023 cette situation devient de plus en plus inquiétante, d'une part du fait de l'élargissement des BIRCS et d'autre part du fait qu'il pourrait être possible de voir dans le court terme certaines monnaies revenir à l'étalon or. On aurait alors un bouleversement géopolitique du fait que les lois répressives extraterritoriales américaines (transaction en dollars) qui ne seraient plus de mise.

Mais, au-delà du focus sur l'économie et la monnaie, le modèle néo- se heurte à une évidence : les ressources de la terre sont limitées. Même si un nouveau gisement de minerai de lithium est découvert aux USA[96] , il n'en demeure pas moins que les ressources terrestres ne sont pas indéfinies et que le recyclage, s'il est vertueux, coutera de plus en plus cher tant les opérations de récupération deviendront plus complexes. En outre, le dérèglement climatique aura des effets contraignants au niveau de l'eau et de sa répartition. Ainsi de nombreuses analyses montrent que le tout technologique ne pourra pas dans le long terme être la solution globale aux problèmes à venir et qu'il deviendra nécessaire de changer notre mode de vie.[97] [98]

Le néolibéralisme, par ses excès ne fait plus rêver[99]. Il est donc nécessaire de changer de système, mais, comme dans tout

---

[96] Carmone A., 2023, Le début d'une nouvelle ruée vers le lithium, https://insideevs.fr/news/687149/plus-grand-gisement-lithium-etats-unis/#:~:text=Un%20important%20gisement%20de%20lithium,de%20120%20millions%20de%20tonnes.

[97] Gates, B.. How to avoid a climate disaster: the solutions we have and the breakthroughs we need. Vintage, 2021

[98] Nightingale A., Eriksen J., Siri, Taylor M., *et al.* Beyond technical fixes: Climate solutions and the great derangement. Climate and Development, 2020, vol. 12, no 4, p. 343-352

[99] Steigler B., Postface : du néo-libéralisme à la démocratie. Hommage aux gilets jaune et au mouvement des casseroles, dans « Il faut s'adapter » 2023, pp.329-348 https://www.cairn.info/il-faut-s-adapter-sur-un-nouvel-imperatif-politique--9782073010032.htm

changement il y aura des gagnants et des perdants et donc une période où les affrontements entre ces deux tendances seront exacerbés. Il est fort possible que nous entrions dans cette période pour une durée encore indéterminée.

5.10 L'anthropocène – l'ère de l'homme

L'accélération du progrès technologique et des innovations a conduit à de multiples mises en garde comme par exemple l'analyse des extrapolations de Worlsd3 2000 (opus cite) et sur les effets de cette accélération sur le devenir de la société. Comme le souligne Aurélien Acquier[100] « Au début des années 2000, Paul Crutzen, prix Nobel de chimie en 1995, et Eugène Stoermer[101] ont proposé le concept d'anthropocène – littéralement l'ère de l'homme– pour qualifier une nouvelle phase dans laquelle l'emprise humaine sur l'environnement biologique, chimique et géologique est telle que l'homme devient son propre contexte. Désormais, l'avenir d'Homo Sapiens dépend de sa capacité à réguler ses impacts sur les écosystèmes. » A partir de cette définition, on peut distinguer deux approches, l'une optimiste et pessimiste.

5.10.1 Techno optimisme

De nombreux chefs d'entreprises, hommes politiques, ingénieurs, certains chercheurs, lobbyistes, sont inclus dans cette catégorie. Ils pensent que les effets de la crise écologique et entre-autre ses effets sur le climat trouveront une solution dans le progrès technique et dans l'innovation. Il s'agirait principalement d'un problème d'allocation de ressources pour

---

[100] Acquiers A., L'innovation technologique à l'épreuve de l'anthropocène, Parole d'Expert, 2029 https://www.vie-publique.fr/parole-dexpert/276090-linnovation-technologique-lepreuve-de-lanthropocene
[101] Crutzen, P.J., Stoermer, E.F., 2021. The 'Anthropocene' (2000). Paul J. Crutzen and the anthropocene: A new epoch in earth's history, pp.19-21

permettre le développement des technologies adaptées à la séquestration du carbone, à la production d'énergies douces, etc… C'est ainsi que l'on trouve de nombreux programmes de recherche plus variés les uns que les autres pour apporter des soutions. Cependant une difficulté de taille subsiste : celle du temps. En effet, contrairement à ce que l'on pensait au débit des études sur le climat, le changement climatique est plus rapide que prévu et les aléas qu'il produit arrivent de plus en plus fréquemment avec des intensités de plus en plus fortes. Or, le temps de la recherche est un temps long, et on se trouve face à une situation conduisant à une impasse. Il faudra quelque chose d'autre, pour dans le meilleur des cas faire le lien entre situation du court terme et progrès technologique. Ainsi, quels que soit les positions sur l'énergie, sur les économies d'eau, sur les migrations et autres-effets du dérèglement climatique, le temps va jouer un rôle prédominant.

5.10.2 Tecno pessimisme

Citons à ce propos Aurélien Acquier[102]« À l'exact opposé de cette position optimiste, des voix de plus en plus nombreuses accusent l'innovation technique d'avoir mené à l'impasse actuelle. En accélérant les cycles de renouvellement des produits, le nouveau « capitalisme de l'innovation intensive » participe à l'obsolescence programmée et fait peser un poids insupportable sur les écosystèmes. Un simple constat montre que la plus large part des innovations technologiques actuelles n'est pas orientée vers la résolution des enjeux écologiques. Pire, elles les accroissent. » Ce constat est évident, et cela va plaider pour une abord technologique et innovant différent : celui des de l'innovation frugale, ceci n'est pas nouveau mais a été limité

---

[102] Acquiers, A., L'innovation technologique à l'épreuve de l'anthropocène, Parole d'Expert, 2029 https://www.vie-publique.fr/parole-dexpert/276090-linnovation-technologique-lepreuve-de-lanthropocene

pendant un certain temps aux pays en développement[103] [104]Actu ellement il ne faut pas parler de régression car cela ne peut pas être la solution tant l'aspiration au bien être est forte, mais de basses technologies[105]. Ce concept a évolué au cours des années pour actuellement faire place aux « sustainable technologies »[106] [107] [108]. Ainsi le techno pessimisme, le terme même de techno-pessimisme est péjoratif et ne devrait pas être employé systématiquement tant il agit comme un repoussoir doit laisser la place à un bouleversement de nos pratiques industrielles en favorisant les processus qui auront le moins d'impact sur notre environnement.

Seulement, il ne faut pas être naïf. Nous sommes toujours dans une société néolibérale où le profit est roi. C'est ainsi que sont apparus des tendances médiatisées comme le concept de « blue economy » qui a pour objectif de rendre soutenable les activités maritimes de toutes natures Mais, il sert de support à des « blue bonds »[109] [110] pour assurer son financement, avec des

---

[103] Dou , H. and Koné , H., 2016. L'innovation frugale dans les pays en développement et la nécessité d'une protection intellectuelle appropriée. Monde en développement, (1), pp.29-45

[104] Dou, H. and Sebastião, J.H., 2022. Intelligence économique et innovation frugale dans les pays en développement. La fenêtre d'opportunité technologique à partir de l'analyse des brevets : Note technique de l'Académie de l'Intelligence économique. Revue internationale d'intelligence économique, 13(2), pp.105-116

[105] Hirsch-Kreinsen, H., Hahn, K. and Jacobson, D., 2008. The low-tech issue. Chapters

[106] Weaver, P., Jansen, L., Van Grootveld, G., Van Spiegel, E. and Vergragt, P., 2017. Sustainable technology development. Routledge

[107] Miranda, J., Ponce, P., Molina, A. and Wright, P., 2019. Sensing, smart and sustainable technologies for Agri-Food 4.0. Computers in Industry, 108, p.21-36

[108] Yadav, G., Kumar, A., Luthra, S., Garza-Reyes, J.A., Kumar, V. and Batista, L., 2020. A framework to achieve sustainability in manufacturing organisations of developing economies using industry 4.0 technologies' enablers. Computers in industry, 122, p.103280

[109] Bolliger, P.J., 2020. Seychelles: Beyond dramatic imagery.)(Mathew, J. and

rendements financiers qui vont souvent au-delà du raisonnable. Il y aura donc des gagnants et des perdants, ceux qui en toute bonne foi auront voulu protéger la planète ou auront été attirés par des taux de rapports très... intéressants. Ce simple exemple montre qu'on n'est toujours pas entré dans la « spirale vertueuse » et qu'une société plus équitable reste encore une chimère.

Souhaitons, mais alors ce serait la politique du pire, que les dérèglements que la société de consommation a provoqués retourne en boomerang et force les instances de décision à agir ... sous la contrainte.

Robertson, C., 2021. Shades of blue in financing: Transforming the ocean economy with blue bonds. Journal of Investment Compliance, *22*(3), pp.243-247.)(Thompson, B.S., 2022

[110] Thompson, B.S., 2022. Blue bonds for marine conservation and a sustainable ocean economy: Status, trends, and insights from green bonds. Marine Policy, *144*, p.105219

6 Vers une nouvelle structuration mondiale

Dans un récent entretien avec le Président du Chili, Joe Biden, Président des USA indiquait « que les prochaines années allaient être déterminantes pour la face du monde lors des prochaines décennies…. Nous sommes à un moment, qui arrive peut-être toutes les six à huit générations, où le monde change en très peu de temps »[111]. Cette constatation venant d'une personne qui a vécu de multiples péripéties au niveau géopolitique révèle bien la situation dans laquelle nous venons de rentrer. Cette situation, précédée par une succession de guerres (Afghanistan, Irak, Syrie, Lybie, Etat-Islamique, Yémen …) puis de bouleversements en Afrique est montée en puissance avec la pandémie du COVID-19, puis la guerre en Ukraine et maintenant le conflit Israélo-palestinien, le tout soumis au prédicament des aléas climatiques et des tremblements de terre. En même temps au plan géopolitique se constituent de nouveaux blocs (Sud Global, BRICS plus, …) dont on voit bien les contours principaux, mais qui sont encore agités par des tensions internes. En même temps la désoccidentalisation, les hésitations croissantes des démocraties (un bon exemple est la quasi inexistence de la politique extérieure de l'Europe et les attitudes diverses des pays européens concernant les migrants…) ne sont plus des exemples à suivre pour le reste du monde. Face à cela des régimes plus autoritaires se développent et s'imposent auprès de leur

---

[111] BFM TV, Biden juge que les trois prochaines années vont "déterminer ce à quoi ressemblera le monde" dans 60 ans
https://www.bfmtv.com/international/amerique-nord/etats-unis/biden-juge-que-les-trois-prochaines-annees-vont-determiner-ce-a-quoi-ressemblera-le-monde-dans-60-ans_AN-202311030714.html

population. Le terme « nouvel ordre mondial [112] [113] » est de plus en plus utilisé et recouvre des contenus différents. Si la guerre en Ukraine a resoudé les liens du monde occidental, celui-ci se retrouve dans une situation plus critique devant le conflit israélo-Hamas avec des opinions publiques souvent en décalage par rapport aux positions prises par leur dirigeants. Le même conflit conduit aussi à souder le monde arabe et à porter le conflit dans un contexte où la guerre, les opérations de défense, sont mêlées à une vision religieuse, voire à un conflit de civilisation. Ces situations conflictuelles conduisent dans les démocraties libérales, à des impacts forts sur les élections des parlementaires ou des Présidents de ces pays. Les minorités sont agitées, les prises de position violentes, la montée de régimes plus autoritaires s'accentue et la démocratie libérale recule. Il est donc évident que dans de telles conditions, la multipolarité devient la règle avec cependant dans cette multipolarité la constitution de blocs d'Etats qui se rejoignent soit par intérêt, soit par similarité, soit par conviction religieuse. Cela constitue face au bloc occidental un contre-pouvoir qui ne peut que se développer. C'est en ce sens qu'un nouvel ordre mondial devrait voir le jour. Sera-t-il plus bénéfique que l'ancien ? Cela reste à prouver, mais de toute manière l'Occident ne dominera plus le monde ce qui est une réponse à l'interrogation de Ian Morris: «pendant combien de temps?» en fait l'année 2023 pourrait constituer la fin d'un cycle, celui de la domination sans partage de l'Occident.

---

[112] Lukyanoc, F. A., Ukraine, Russia, and the New World Order.Russia in Global Affairs, 2022, vol. 14

[113] Certains utilisent même le terme « new world disorder » selon le « côté » où l'on se trouve !

Tibi, B., The challenge of fundamentalism: Political Islam and the new world disorder. Vol. 9. Univ of California Press, 2023

7 Conclusion

Le panorama que nous avons décrit, et qui fait appel souvent, à des sources d'information que certains ne veulent pas considérer comme fiables, voire ne veulent pas voir, montre que nous sommes entrés dans une période perturbée. Perturbation à la fois par la géopolitique avec des affrontements de blocs, mais aussi perturbation liée aux effets induits du progrès et de la course vers un « bien-être » basé sur une consommation de plus en plus intense, sur la recherche de plus en plus rapide du profit.

Inutile de se poser la question de la domination de l'Occident, Ian Morris[114] a répondu en ajoutant ... pour l'instant. En ce qui concerne le monde occidental, il est évident que le terme déclin n'est peut-être pas encore adapté, on peut préférer le terme de partage. Partage du monde, des idées, des décisions, recherche d'un consensus. Mais, ce terme même de partage signifie la perte de « leadership » du monde Occidental. Que va-t-il se passer ? Les USA l'admettront-ils ? la Chine voudra-t-elle devenir le « larder » mondial[115]? L'Europe va-t-elle développer une politique qui lui soit propre ? Les BRICS plus vont-ils parler d'une seule voix ? Seront – ils suivis par le Sud Global ? Autant de questions qui sont pour le moment sans réponse.

Mais, l'observation des alliances, des votes dans les instances internationales, de l'utilisation de la force pour résoudre des problèmes de frontières, du début des migrations, du chacun pour soi même au sein d'alliances et de blocs qui semblaient unitaires, de la pression commerciale sur les prix de l'énergie et ainsi d'une quasi soumission volontaire vis-à-vis des fournisseurs,

---

[114] Morris I., Why the West rules – for now » publié en 2010

[115] Cheng, A., "Histoire intellectuelle de la Chine." L'annuaire du Collège de France. Cours et travaux 117 (2019): 325-340

les surenchères politiques, un appauvrissement des classes moyennes dans les démocraties libérales, montre que nous entrons dans une recomposition du monde. Mais, au -delà de cette recomposition, il nous faut aussi considérer ce qui a été induit par le développement et qui va conduire à de nouvelles perturbations se juxtaposant aux précédentes : le dérèglement climatique. Dans ce système à double entrée, où les synergies s'accentuent c'est une boîte de pandore[116] qui s'ouvre sous nos yeux.

C'est sans doute au lecteur de se faire une opinion. Nous avons voulu apporter un éclairage différent, en nous extrayant du dogme quotidien et en essayant de raisonner non pas comme un occidental mais comme une personne qui a depuis plus de soixante années parcourue le monde et a perçu au travers de cultures très diverses que les « choses » fluctues que la vérité de certains n'était pas intangible pour d'autres.

Une manière de mieux comprendre, c'est en fait de ne pas rester prisonnier du flux d'information orientées qui n'ont pour but que de brouiller les pistes et de diriger la pensée des 80% de citoyens qui devraient « suivre les élites ». Pour cela il faut faire un effort, accéder à des sources d'information différentes, analyser, recouper les données et surtout ne pas rester prisonnier des algorithmes des réseaux sociaux qui nous emprisonnent dans une sphère unique d'informations. En fait prendre le temps de s'extraire du flux d'information journalier de plus en plus important (ce flux est voulu pour nous amener à penser que l'on réfléchit avec son libre arbitre alors que tout est fait pour que ce soit le contraire !). Eviter les biais d'interprétation, ne pas réagir

---

[116] Déclenchement imprudent d'une série de faits nocifs quasi inéluctables sur lesquels notre action est très limitée. On entre alors dans l'ère du prédicament. Octobre 2023, https://www.reneweuropegroup.eu/fr/events/2023-10-05/pro-democracy-rally-conference-in-the-european-parliament

dans un cadre émotionnel, en fait acquérir une culture et un doute critique. C'est dans ce cadre qu'une éducation plus ouverte devient nécessaire. Abordant de manière neutre l'histoire moderne, la géopolitique, allant à la « racine des choses[117]» pour ouvrir la voie à l'analyse critique. Elle doit devenir la base sur laquelle des comportements nouveaux se développeront.

Mais, en atteignant un point de bascule, tout devient possible, le meilleur comme le pire. Globalement les dirigeants du monde auront -ils le courage d'éviter le pire ? Là est la question. Enchaînés au dogme du profit à tout prix et du libéralisme incontrôlé, d'autres optant pour une gouvernance plus rigide et dans le court terme plus efficace, comment pourra se concrétiser la voie de la raison ? Les démocraties ont vieilli elles doivent se renouveler[118] pour retrouver une efficacité perdue au cours du temps. des changements sociaux, culturels, législatifs (respect des biens communs par exemple[119]), politiques sont nécessaires naîtront-ils au sein de la démocratie ou alors celle-ci deviendra-t-elle simplement une péripétie de « l'histoire » ? L'enjeu est fondamental, les années à venir seront cruciales, ce seront les années du basculement.

---

[117] Chan Hyung,P., Baer, M., "Getting to the root of things: The role of epistemic motivation and construal levels in strategic problem formulation." Strategy Science 7.4 (2022): 284-299
[118] Renew Europe - Pro – Democracy rally & Conference in the European Parliament
[119] Dou H., Juillet A ?, Gineys S., Biens Communs, ciworldwide, 2020
https://www.ciworldwide.org/post/biens-communs-gouvernance-%C3%A9thique-et-covid19-the-commons-ethical-governance-and-covid-19

8 Post conclusion : Le grand désordre

Il est inhabituel de terminer une présentation avec une post conclusion. Pourquoi ce terme ? C'est simplement pour mettre en évidence la vitesse à laquelle se déroulent au niveau national et international les événements qui se produisent au jour le jour. L'unité de temps n'est même plus la semaine ou le mois, mais la journée.

C'est ainsi que dans un espace de temps de plus en plus court, les informations se bousculent, parfois contradictoires et viennent ébranler la réflexion de la veille. L'auditeur, même attentif se trouve alors perdu et ses points de repères deviennent de plus en plus flou. Ceci contribue largement à une impression de désordre, car la stabilité passée, qui était cependant relative mais qui s'étendait sur des périodes plus longues, disparait.

Les causes sont multiples, nous en avons décrit une partie dans les pages précédentes, mais ce qui change c'est la variable temps. Au quotidien, s'entrechoquent des impacts physiques locaux (par exemple dérèglement climatique), une recrudescence de la violence, des informations internationales anxiogènes, des questionnements sur l'avenir proche mais aussi un peu plus lointain concernant les enfants et petit-enfants. En outre des situations nouvelles apparaissent comme les migrations en Europe, l'augmentation fulgurante du coût de l'énergie, l'apparition de pandémies. L'emploi est plus fluctuant, les salaires ne suivent plus l'inflation, en fait le pessimisme gagne du terrain.

L'impression générale est celle d'un désordre, d'une désorganisation des « choses » que nous avions connues et de l'ouverture d'une porte donnant sur un inconnu quasiment imprévisible. Dans un tel contexte voir plus clair devient de plus en plus difficile, les opinions se figent au grès des réseaux sociaux et de l'information étatique, il devient de plus en plus difficile de faire entendre raison.

C'est pourtant la seule voie qu'il faudra suivre pour sortir de l'impasse actuelle. Qui peut le faire ? C'est un moment difficile car cela ne dépend plus du citoyen dont le bulletin de vote (dans les démocraties) compte peu tant il est éloigné des politiciens qu'ils élisent. Face à cela des états à régime fort où la gouvernance et la notion de liberté sont différentes de celle des pays « démocratiques » déploient une politique plus volontariste et dans certains cas conquérants. La sagesse ou une forme de compromis verra-telle le jour ? Serons-nous suffisamment volontaires pour éviter les erreurs passées tout en défendant des valeurs intrinsèques à notre mode de vie ? Questions encore sans réponse mais qui doivent être posées, tant il est vrai qu'aborder le sujet est souvent un début de solution.

9 Annexes

9.1 Liste des tableaux

www.ingramcontent.com/pod-product-compliance
Lightning Source LLC
Chambersburg PA
CBHW050848260726
48660CB00006B/2509